Rathjen · Beinarbeit, Kopfarbeit

Friedhelm Rathjen

Beinarbeit, Kopfarbeit

Fahrradfahren und Literatur
in Irland und anderswo

EDITION ReJOYCE

2018

Gewidmet den Radfahrgefährten meiner Irland-Touren:
1978 Reinhard & Jürgen (Irland komplett)
1998 Hermann (Dublin & Wicklow)
2003 Jürgen & Reinhard (Cork & Kerry)
2007 Manni (West Cork & Kerry)
2009 Manni (Donegal & Nordirland)

EDITION ReJOYCE
Bd. 71

Bibliografische Information der Deutschen Bibliothek:

Die Deutsche Bibliothek verzeichnet diese Publikation in der Deutschen Nationalbibliografie; detaillierte bibliografische Daten sind im Internet über <http://dnb.ddb.de> abrufbar.

EDITION ReJOYCE Südwesthörn 2018
rejoyce@gmx.de
Satz, Titelfoto und Umschlaggestaltung: Friedhelm Rathjen
Herstellung: Books on Demand GmbH, Norderstedt
ISBN 978-3-947261-04-8

Inhalt

Vorbemerkung

Ich würde gern behaupten, daß es ohne das Fahrrad keine Literatur gäbe, doch da die Geschichte der Literatur lange vor Erfindung des Fahrrads einsetzt, ist mir das leider nicht möglich. Für mich persönlich immerhin kann ich sagen, daß erst das Fahrrad mich zur Literatur brachte. Ich war noch kein Leser, als ich 1978 zu meiner ersten Irlandtour aufbrach, und das im vorliegenden Band abgedruckte Protokoll jener Tour macht mehr als deutlich, daß meine ersten Irland-Erfahrungen literaturlose waren – doch jene erste Tour veranlaßte mich, wenigstens anschließend mit der Lektüre irischer Literatur zu beginnen, und so wurde aus dem Nurradler ein *ernsthafter* Leser *richtiger* Literatur, nämlich eines Joyce und eines Beckett und schließlich auch eines Nichtiren namens Arno Schmidt. Wie ich beim Radfahren schwere Gänge bevorzuge, ist mir auch beim Lesen schwere Kost am liebsten, und so gehören Radtouren und Literaturen inzwischen unbedingt zusammen. Folglich war es nur eine Frage der Zeit, bis ich mich auch mit der Radfahrthematik *innerhalb* der Werke der drei genannten und manch anderer Autoren zu beschäftigen begann. Die Resultate dieser Beschäftigung sind auf den folgenden Seiten zu finden. Die Anordnung der Texte zeichnet den Prozeß der graduellen thematischen Annäherung und Vertiefung nach – von der rein touristischen Tour aus dringen wir immer weiter in die Literatur ein, bis hin zu dem Punkt, an dem wir Geschriebenes wiederum in Zweifel ziehen durch Abgleich mit außerliterarischen Erkenntnissen.

All das wäre womöglich nie geschehen, hätte ich nicht ganz am Anfang Glück im Unglück gehabt. Nämlich am 16. Juli 1978, als mich in der Wesermarsch auf dem Weg nach Bremerhaven im Gegenwind vorzeitig die Kräfte verließen. Vielleicht lag es daran, daß ich morgens nach zu kurzem Schlaf aufgestanden war, weil ich mich bis spätnachts in der Disco ausgetobt hatte – Beinarbeit zwar, die als Training für eine Radtour sinnreich sein kann, aber der Effekt braucht länger als eine verkürzte Nacht, um produktiv werden zu können. Wahrscheinlich wäre es klug gewesen, vorher einmal zu testen, ob mehrstündiges Radfahren gegen den Wind sich mühelos ebenso flott bewältigen ließ wie die mir gewohnten kleinen Ausflüge ins nächste Dorf. Der naive Glaube, es müsse wohl so sein, ging mir jedenfalls an besagtem Julitag verloren, ich verlangte ständig nach Pausen (damals wußte ich noch nicht, daß häufiges Pausieren bei längeren Radtouren eher schädlich als nützlich ist, da es den Rhythmus bricht), die Beine verweigerten mir den Dienst, die Englandfähre war eigentlich nicht mehr zu erreichen. In dieser mißlichen Situation gabelten mich zwei junge Männer auf, verfrachteten mich und mein Rad nach kurzer Erklärung in ihren Kleinbus, ebenso die beiden Freunde, die mir vorausgeeilt waren, und brachten uns doch noch pünktlich zum Fähranleger. Hätten die beiden Kleinbusfahrer nicht angehalten, als sie mich hilflos am Straßenrand erblickten, was wäre wohl passiert? Wäre meine erste Irlandtour zu Ende gewesen, bevor sie noch begann? Hätte ich niemals die Literatur für mich entdeckt? Wäre der Zusammenhang zwischen Radfahren und Literatur in Irland und anderswo ungepriesen geblieben? Zu befürchten ist es, und so sei er hiermit sehr verspätet endlich ausgesprochen, der grenzenlose Dank an jene beiden namenlosen Retter in höchster Not. Ohne glückliche Zufälle geht es eben nicht, beim Radfahren nicht und auch nicht in der Literatur.

F.R. Westerholz – Wicklow Hills – Südwesthörn, 1978-2018

Kommt Zeit, kommt Rad

Per Fahrrad durch Amerika und den Rest der Welt

Einer Wette wegen brach der 20jährige Heinrich Horstmann im Mai 1895 zu einer Erdumrundung per Fahrrad auf: er startete ohne einen Pfennig und wollte nach zwei Jahren mit 5000 Mark in der Tasche zurück sein. Die Wette verlor er, denn er brauchte für die Tour vier Monate länger als geplant – aber daß er überhaupt heimkehrte, war schon eine Sensation, war doch sein Vorbild Frank G. Lenz bei einer ähnlichen Unternehmung in Kurdistan von Banditen erschlagen worden. Freilich blieb Horstmann das wilde Kurdistan auch erspart, denn als er mit dem Schiff von Japan aus Kalkutta erreichte, hörte er, in Indien seien Pest und Cholera ausgebrochen. Erst ab Triest wurde die Weltumrundung wieder von der Schiffs- zur Radtour.

So ist die *Radreise um die Welt*[1] kaum mehr als eine Durchquerung Nordamerikas geworden. Der USA-Trip auf dem Stahlroß allerdings war damals noch ein echtes Wagnis; „schauderhaft“ fand es Horstmann, „was die Amerikaner alles auf ihre Landstraßen schütten“, und vielfach mußte er mangels Straßen auf Bahndämme ausweichen oder sein Rad durch Sand und Lehm schieben. Der junge Mann geriet in Waldbrände, Orkane und Schneestürme, mußte sich eigenhändig ein Floß bauen, um einen Strom zu überqueren, und erschoß in Notwehr nicht nur Hunde, Kojoten und Schlangen, sondern auch einen Landstreicher, der es auf seine Uhr abgesehen hatte.

Bei der Lektüre von Horstmanns etwas arg deutschtümelndem, passagenweise aber hübsch anekdotisch aufgeputztem Bericht wird allerdings rasch deutlich, daß das größte Problem seiner Fahrt durchs Cowboyland die Schwierigkeit war, überall an den geliebten Gerstensaft zu kommen. Im Nordosten der Staaten verbringt Horstmann ganze Tage mit Brauereibesichtigungen, doch später gerät er in allzu viele „Temperenz-Nester“, weswegen die Suche nach einem (möglichst deutschen) Bierausschank zum wichtigsten Leid-Motiv des Buches wird. Fast könnten wir vergessen, daß die Durchquerung der Sümpfe von Arkansas und der Wüsten von Texas und Arizona per Fahrrad durchaus keine Kinkerlitzchen waren.

---

[1] Heinrich Horstmann, *Meine Radreise um die Erde vom 2. Mai 1895 bis 16. August 1897*, hg. u. kommentiert v. Hans-Erhard Lessing (Leipzig: Maxime-Verlag Maxi Kutschera 2000).

Drei Jahrzehnte später, als der erst 17jährige Wiener Gustav Sztavjanik sich zu seiner Weltumradelung aufmachte, hieß die große Herausforderung natürlich nicht mehr Nordamerika. Sztavjanik und sein indischer Begleiter F.J. Davar pedalten durch 47 Länder auf vier Kontinenten, legten 110.000 Kilometer zurück und waren erst nach sieben Jahren in Wien zurück. Daß diese Tat in Davars Heimatstadt Bombay zu Vergleichen mit Odysseus und Marco Polo anstiftete, nimmt da kaum Wunder. Allein sechs Monate quälten sich die beiden durch die Sahara, zählten am Wegesrand genau 156 Kamelgerippe, überlebten acht Sandstürme und einen Malariaanfall.

In Südamerika überkletterten Sztavjanik und Davar die Anden auf einer Höhe von fast 6000 Metern, bewerkstelligten anschließend mit ihren Rädern die erste Kontinentquerung auf Amazonasbreite – und zwischendurch gewann der Wiener in Chile auch noch in Rekordzeit ein 24-Stunden-Rennen. Um so verblüffender, was Sztavjanik für die einzig wichtigen Ausrüstungsgegenstände einer solchen Reise hält: „Gesundheit, Humor und Ausdauer." Weiter braucht es nichts?

Es braucht natürlich einiges mehr, um aus dem Bericht einer solchen Tour ein spannendes Buch[2] zu machen, und so haben die Herausgeber recht daran getan, Sztavjaniks Schilderungen mit verbindenden Hintergrundtexten und üppigen Bildbeigaben zu versehen. Ein bißchen mehr von beidem hätte auch der *Radreise* Horstmanns gut bekommen, um die passagenweise allzu gedrängten Aufzählungen besuchter Städte und Brauereien etwas zu entflechten.

Übrigens wäre es verfehlt, die geschilderten Touren nur unter dem Leistungsgedanken zu sehen. Das eigentliche Kapital, das die mittellosen Pedaleure mit sich rumschleppten, hieß: Zeit im Überfluß. Sztavjanik schildert, wie ihm unter der Mitternachtssonne Lapplands und in der riesigen Sandwüste jedes Verhältnis zur Zeit abhanden kommt, und meint, die Eingeborenen Afrikas und Amerikas seien glücklicher, weil ihnen das hektische Getriebe der modernen Welt erspart bleibe. Und Horstmann empört sich über nichts heftiger als über die Devise „Zeit ist Geld" und die fieberhafte „Jagd nach dem Dollar". Der Weltberadler hat Zeit und braucht kein Geld: er strampelt sich mit leeren Taschen ins Paradies, und wenn er Glück hat, ist es ein Paradies mit Bierausschank.

---

2 Hermann Härtel / Maria Rennhofer (Hg.), *Mit dem Zweirad um die Welt. Die sensationelle Reise des Gustav Sztavjanik 1924-1931* (Innsbruck: Haymon 2000).

Unter Noldes Himmel

Keine Deutschstunde im Winter in der Wiedingharde im wilden Norden Deutschlands

Weiß? Richtig weiß ist hier schon seit Jahren kein Winter mehr gewesen. Nicht weiß, sondern windig: das sind sie, die Winter in der Wiedingharde. Das kurzgefressene Grün auf den Deichen könnte die Jahreszeit fast vergessen machen, wären da nicht die Böen, die das bloße Gesicht peinigen und durch die Handschuhe nach den Fingern am Fahrradlenker greifen. Der Wind, der Wind: er prägt alles hier, das Leben der Menschen und die Landschaft um sie herum. Ich hätte es vorher wissen müssen, aus der Lektüre der *Deutschstunde* von Siegfried Lenz, wo von der „schwarzen Windlandschaft“ die Rede ist: „Wenn bei uns Wind ging und so weiter, dann mußte man sich schon Ballast in die Taschen stecken – Nägelpakete oder Bleirohre oder Bügeleisen –, wenn man ihm gewachsen sein wollte.“ Ich hätte es wissen müssen, daß einer aus dem Binnenland dem schwerlich würde gewachsen sein können.

Und dies um so weniger als Radfahrer. Siggi Jepsen, der jugendliche Held der *Deutschstunde*, sieht seinen Vater, den Dorfpolizisten zu Rade, unentwegt schwanken unter Windstößen; „und ich hörte meinen Vater stöhnen vor Anstrengung, nicht verzweifelt oder zornig über den Wind, sondern nur ordnungsgemäß stöhnen“. Spätestens da geht die Verbindung zwischen Literatur und Leben verloren, denn ich ächze ungeordnet, während ich mich gegen die Böen stemme, „schlingernd, stuckernd, vom Westwind aufgebauscht“. Ist das noch Wind, oder ist das, wie man als Binnenländer glauben muß, schon Sturm? Der Blick nach den Windrädern gibt mir Bescheid: sie drehen sich, also kein Sturm. Bei Windstärke neun werden die Windräder abgeschaltet, aus Sicherheitsgründen. Also werfe ich mich auf meinem Wind- und Wetterrad weiter machtvoll in die geschwungene Kurve der Landstraße zwischen Emmelsbüll und Horsbüll. Vor dreißig Jahren wurde hier, bei Südwesthörn, die *Deutschstunde* fürs Fernsehen verfilmt. Die Gaststätte Südwesthörn hat im letzten Jahr dichtgemacht, weswegen der durchfrorene Radler jetzt eine Chance weniger hat, in der Wiedingharde aufzutauen.

Die Wiedingharde: das ist der letzte Zipfel deutschen Festlands vor der dänischen Grenze. Hier ist alles flach. Die einzigen Erhebungen sind die

Südwesthörn: Filmszene aus der Deutschstunde-*Verfilmung 1971 ...*

... und die außerfilmische Realität vier Jahrzehnte später.

vielen Deiche und der Bahndamm, der sich von Niebüll aus quer durch die Wiedingharde und ins Meer hinaus schiebt; Scharen von Fremden zuckeln im Autozug zur Nobelinsel Sylt und würdigen die festländische Bodenständigkeit höchstens eines gelangweilten Blickes von oben herab. Es gab freilich eine Zeit, da lag auch die Wiedingharde selbst im Meer. Die gewaltige Sturmflut von 1362 riß die Verbindung der Dörfer zum Hinterland weg; ein weiter Landstrich war zu Inseln zerfallen. Es dauerte zwei Jahrhunderte, bis es durch Eindeichungen gelang, die 10.000 Hektar des Gotteskoogs wieder dem Festland einzuverleiben.

Die Deiche sind Versuche des Menschen, sich gegen die Gewalt der Elemente zu wehren und die Küstenlinie, die von Natur aus etwas höchst veränderliches ist, festzuschreiben. Ob das auf Dauer gelingt, vermag niemand zu sagen; der letzte Deichbruch liegt zwar schon ein Vierteljahrhundert zurück, doch eine Gewähr für die Zukunft läßt sich daraus nicht ableiten. Im komplizierten Geflecht aus Binnen- und Außendeichen gibt es Schwachstellen wie die zwischen Hunwerthusum und Südwesthörn: hier steht immer noch nur ein Einzeldeich, und wenn der einmal brechen sollte, wäre beispielsweise die romanische Seefahrerkirche von Alt-Horsbüll vom Wasser regelrecht umzingelt.

Küstenlandschaften sind immer veränderlich gewesen. Der Wind hat sie nicht nur mittelbar geprägt, durch die Wasserfluten, die er aufpeitschen kann, sondern auch auf ganz direkte Weise. Bäume wachsen hier kaum, und wo sie es doch tun, meist in schützenden Gruppen um Häuser und Gehöfte herum, da wachsen sie so krumm und schief, daß an ihrem Wuchs die Himmelsrichtung abzulesen ist: alles beugt sich gen Osten vor den stetigen Westwinden. Und wo sich die Bäume krumm machen (ganz zu schweigen vom Radfahrer, der sich immer noch durch die Elemente kämpft), da ducken sich auch die Häuser. Dem Wind geschuldet ist der spezifische Stil des Friesenhauses, das sich möglichst flach in die schutzlose Landschaft krallt. Auch diese Duckhaltung kann allerdings nicht alles Unheil abwenden. Im Frühjahr und Sommer haben die Dachdecker und Zimmerleute Hochkonjunktur.

Nicht alle Schäden werden übers Jahr dauerhaft ausgebessert: oft sieht man Plastikplanen, die über beschädigte Dachpartien gespannt sind, und gelegentlich hat man sogar den Eindruck, Nebengebäude würden absichtlich dem Verfall preisgegeben, um die Kosten fürs Abbruchunternehmen zu sparen. Für ordnungsliebende Augen, die deutsche Adrettheit gewohnt sind, müssen nordfriesische Grundstücke einigermaßen heruntergekommen aussehen. Nun könnte dieser Defekt an den Augen liegen; die Bewohner der

Wiedingharde teilen den Sinn der nahen Insel Sylt für äußeren Hochglanz nicht. Andererseits ist der leicht verwahrloste Eindruck der Grundstücke auch Folge mangelnder Gartenbaukünste. Einzige nordfriesische Errungenschaft in dieser Hinsicht ist der Friesenwall, eine Natursteinmauer, deren größter Vorzug ihre Standfestigkeit ist. Hinter diesem Wall breiten wohl ein paar immergrüne Büsche ihre mageren Zweige, und im Frühjahr prangt das Gelb der Osterglocken, doch von Blumenmeeren und Ziergärten ist nichts zu sehen, und die Ursache ist wiederum das himmlische Kind namens Wind: der läßt nur gedeihen, was kräftig und strapazierfähig ist.

Einzige Ausnahme weit und breit ist der üppige Blumengarten, den der expressionistische Maler Emil Nolde mit sehr viel Mühe um sein Haus Seebüll angelegt hat. In Seebüll verbrachte der verfemte Maler die Hitler-Jahre und schuf trotz amtlichen Malverbots über 1300 kleine Aquarelle, die „ungemalten Bilder“. All das kann man sich im Museum der Stiftung Seebüll erläutern lassen, in das Noldes Wohnhaus nach seinem Tode umgewandelt wurde – freilich nicht im Winter, denn dann bleiben Museum und das angeschlossene Café geschlossen. Also wieder eine Möglichkeit weniger für den inzwischen fast erfrorenen Radfahrer, sich durchzuwärmen.

Der weite Himmel freilich, den Nolde auf so vielen seiner Bilder festgehalten hat, läßt sich in natura mindestens ebensosehr bewundern wie im Museum: da türmen sich plustrige dustere Wolken zu wüsten Gebilden auf über dem flachen Land, das dem so gar nichts entgegenzusetzen weiß, und immer wieder durchbricht die Sonne die Wolkenwälle und taucht die Weite der Wiedingharde in ein seltsam elegisches Licht. Mag Emil Nolde auch lange tot sein – der Nolde-Himmel lebt, und zwar unablässig.

Das Haus Seebüll steht zwischen Neukirchen und Rosenkranz, fast direkt an der dänischen Grenze, zehn Kilometer Luftlinie von der Küste entfernt. Siegfried Lenz war dieser Schauplatz wohl nicht melodramatisch genug, und so verlegte er das Atelier für seine *Deutschstunde*, in der er Nolde in der Gestalt des verfemten Malers Nansen ein Denkmal setzte, hinaus an den Seedeich. Also schwinge auch ich mich wieder in den Fahrradsattel und folge meiner Lieblingsstrecke unter den vielen radtauglichen Straßen der Gegend: das ist die fast unbefahrene Grenzstraße, die sich von Rosenkranz bis nach Norddeich hinauszieht und dann weiter in den Rickelsbüller Koog hinein. Auf dieser Straße bin ich dem Wind noch schutzloser ausgeliefert, denn sie verläuft großteils auf einem Damm – das nehme ich freilich auf mich, denn hier reicht mein Blick weit hinein ins dünnbesiedelte Dänemark. Nur ein einsamer Hof steht auf dänischer Seite der Grenze; der Bauer darf mit einer Sondergenehmigung das Staatsgebiet wechseln, so oft er will. Mir ist das keineswegs gestattet, denn Dänemark gehört bekanntlich nicht zur Euro-Zone, also ist dies noch immer eine Zollgrenze und darf nicht unkontrolliert überschritten werden. Der nördlichste Grenzübergang Deutschlands in Rodenäs-Norddeich ist nicht besetzt, der Schlagbaum geschlossen: nach Norden darf ich nicht weiter.

Also folge ich der Grenze gen Westen, in den Rickelsbüller Koog hinein. Dieser Koog entstand 1982 durch Eindeichung im Rahmen eines deutsch-dänischen Gemeinschaftsprojekts: der letzte sturmflutbedrohte Wattzipfel nördlich des Hindenburgdamms, auf dem die Züge nach Sylt fahren, wurde befestigt und damit erstmals in Deutschland ein Koog geschaffen, der allein als Naturareal gedacht war. Im Winter, wenn der Nolde-Himmel noch weniger mit Regen geizt als sonst, ist der Rickelsbüller Koog zu großen Teilen eine Süßwasserfläche, auf der sich Gänse, Säbelschnäbler und wer weiß was für gefiederte Krachmacher tummeln. Motorfahrzeuge haben hier nichts zu suchen, doch als Radfahrer habe ich am Außendeich freie Auswahl: entweder ich suche mir seeseitig auf der behelfsmäßigen Asphaltpiste einen Schlingerkurs zwischen angespültem Tang, Treibholz und Schafköteln, oder ich ziehe vielleicht doch die Bewirtschaftungsstraße auf der windgeschützten Binnenseite vor. Als mir am Hindenburgdamm der nächste Autozug entgegenkommt, beneide ich die Wintertouristen, die da zu mir herunterblinzeln, keineswegs: ich kann nur müde lächeln bei dem Gedanken, daß diese Landratten sich heute abend in der überlaufenen Fußgängerzone der Friedrichstraße von Westerland die Füße in den Bauch stehen, während ich mir, gestählt von Wind und Wetter, in meiner preiswerten Festlandspension einen heißen Grog genehmigen werde. Darf ich mich nicht schon halb als echter Nordfriese fühlen?

Das wäre wohl doch verfrüht; zu echten Nordfriesen werden noch nicht einmal die gutbetuchten Städter, die sich hinter dem Deich ein schmuckes Reetdachhaus bauen. Der Kenner sieht schon an der Giebelausrichtung, wer ein hiesiger Bauherr ist und wer nicht: die Neubürger sehen im Meer das Ziel ihrer romantischen Sehnsüchte, dem sie deshalb die Breitseite ihrer Häuser mit möglichst viel Fensterfläche zukehren; als Einheimischer hingegen weiß man, daß vom Meer vor allem Bedrohliches zu erwarten ist, und stellt das eigene Wohnhaus tunlichst mit der Schmalseite des trutzigen Giebels in den Wind. Naturschwärmerei? Ist was für Städter.

Überhaupt Natur: die ist sehr relativ hier in Nordfriesland, findet eigentlich erst vor dem Außendeich statt, im Wattenmeer. Das Festland, gerade die Wiedingharde, ist keine Natur-, sondern in jeder Hinsicht eine Kulturlandschaft – vom Menschen dem Meer abgetrotzt und dann nach Verwertungsgesichtspunkten gestaltet. Insofern ist es inkonsequent, über die Landschaftsverschandelung durch die vielen Windkraftanlagen zu jammern. Die Landschaft wird, wenn wir streng sind, auch durch den Deichbau schon verschandelt, doch ohne die Deiche gäbe es das Land gar nicht.

Und wo, wenn nicht hier, sollten die Windräder stehen? In der Wiedingharde finden sie die himmlische Nahrung, die sie brauchen, fliegende Lüfte im Überfluß. Über hundert Großmasten stehen allein im Friedrich-Wilhelm-Lübke-Koog westlich von Klanxbüll, das war eine Weile der größte Windpark Europas. Der Radfahrer, der unter der Perlenkette der Rotorköpfe entlangflitzt, hat ständig das Gefühl, ihm säße ein Traktor im Nacken, so laut sind die Dinger, lauter als die blökenden Schafe ringsumher.

Schon gibt es Versuche, auch die Windräder für den Tourismus zu nutzen. Jeweils am Mittwochnachmittag organisiert das Infozentrum Wiedingharde ein Kraxelerlebnis der besonderen Art, das Windmillclimbing. In vierzig Meter Höhe bietet sich ein enormer Ausblick über Wattenmeer, Inseln und das Hinterland des deutsch-dänischen Grenzgebiets. Aus naheliegenden meteorologischen Gründen findet dieses Spektakel allerdings bloß von Mai bis September statt, und auch dann nur, wenn's nicht zu stark pustet.

In der kalten Jahreszeit bleibt uns nichts anderes übrig, als die Windkraftanlagen von unten zu bestaunen, aus dem Sattel des Leihfahrrads. Und bei sehr frostigen Temperaturen sollten wir dabei auf Abstand achten, denn es kann zu gefährlichem Eisfall von den Rotorblättern kommen. Auf unverschneitem, aber gefrorenem Land als wackerer Radfahrer aus heiterem Nolde-Himmel von einem Eiszapfen erdolcht zu werden, das wäre doch ein gar zu dramatisches Ende für einen Urlaub in einer Gegend, deren beste Eigenschaft gerade die Unaufgeregtheit des Lebens hier ist. Hinter dem Deich wehen die Winde stetig und frisch, doch in der Wiedingharde ist es nicht üblich, sein Mäntelchen nach modischen Brisen zu hängen. Das nahe Sylt ist fern.

Irish Tour

Per Drahtesel einmal um die Insel (1978)

Kleiner Vorspruch aus der Zukunft

Die Reise, von der ich berichte, liegt bei Abfassung dieses Berichts gut zwanzig Jahre zurück, und das erklärt womöglich manches. Vor allem, warum sich nichts wiederholen läßt, jedenfalls nicht für mich. Ich war damals völlig ahnungslos, in fast jeder Hinsicht, und deshalb konnten mich die Eindrücke mit solcher Wucht treffen. Ich war auf gar nichts vorbereitet – beneidenswert. Was ich wußte, erschöpfte sich fast schon in einer Anzeige der irischen Fluggesellschaft Aer Lingus, die ich Jahre zuvor gesehen und nie wieder vergessen hatte. „Und vor ein paar Stunden waren Sie noch am Piccadilly Circus", stand da fett unter einem Foto. Im Vordergrund ein Esel auf einer Weide, dahinter ein Torfstapel und ein schäbiges weißgetünchtes Cottage. Das alles offenbar an einer Meeresbucht und bei eher trübem Wetter fotografiert. „Dies ist Tully Cross, Connemara, eines der wildesten, abgelegensten Teile Irlands", stand im Text. Ich hatte keine Ahnung, wo das sein mochte, kam auch auf der Tour nicht dorthin und kann heute weder einen besonderen Reiz an Tully Cross erkennen noch die Magie verstehen, mit der mich das eher durchschnittliche Bildchen erfüllte – aber damals funktionierte es.

Die Idee zur Tour hatten zwei Freunde, ich schloß mich nur an, und das war schon die ganze Reisevorbereitung. Keine Ahnung hatte ich auch von irischer Literatur (oder Literatur überhaupt): daß ich den Namen Yeats damals nicht kannte, weiß ich definitiv; daß auch Joyce und Beckett mir nichts sagten, kann ich nur vermuten. Auch Clannad, Planxty und die Horslips kannte ich nicht – wohl aber war ich schon mit irischer Musik in Berührung gekommen, wenn auch hauptsächlich auf dem Umweg über den Bretonen Alan Stivell, dessen Harfe mir auf der Tour oft genug im Ohr war.

Ich stelle all das klar, weil ich glaube, daß meine Begeisterung über die Tour nicht so heftig und so nachhaltig gewesen wäre, hätte ich vorher etwas gewußt. Insofern sind der Leser und die Leserin des folgenden Berichts schon schlechter dran. Wer will, kann meine Tour dennoch zum Modell einer eigenen nehmen, weswegen ich bei jeder Etappe die gefahrene Strecke angebe. Nicht alle Jugendherbergen existieren mehr, und Varianten zur Strecke wird man problemlos einbauen können. Insgesamt denke ich heute

Der Ur-Anreger und einige Reliquien der Tour.

allerdings mehr denn je, daß wir fast immer instinktiv die beste Route gefunden haben – auch, weil unsere Karten so ungenau waren, daß wir von der Existenz mancher vielleicht noch schönerer, aber auch aufreibenderer Nebenstrecken gar nichts ahnten. Allerdings war zu unserer Zeit der Autoverkehr auf den von uns befahrenen Hauptstraßen auch noch nicht annähernd so schlimm wie heute, und es gibt Streckenabschnitte insbesondere auf den Nationalstraßen, auf die ich mich heute kaum noch mit zwei Rädern wagen würde.

Hingekommen sind wir auf anstrengende und umständliche Weise, was freilich den unschätzbaren Vorteil hatte, daß uns sinnlich bewußt wurde, wie weit Irland ab vom Schuß lag. Wir nahmen die Fähre von Bremerhaven nach Harwich (die es heute nicht mehr gibt) mit Anschlußzug nach London. Dort waren uns quer durch die City von der Liverpool Street Station zur Euston Station schon mal die Fahrräder von Nutzen. Abends ging's per Bahn weiter nach Holyhead, von dort spätnachts mit der Fähre nach Dun Laoghaire, wo wir am frühen Morgen des dritten Reisetages ankamen. Das alles bedeutete zwei wenig geruhsame Nächte. Die erste verbrachten wir im Schlafsack auf dem Außendeck der Englandfähre, die zweite zunächst schlaflos im Zug, dann ebenso schlaflos auf der Irischen See. Kein Wunder also, daß wir den ersten Tag in Dublin in Erwartung der spätnachmittäglichen Jugendherbergsöffnung damit verbrachten, auf dem Mountjoy Square vor uns hin zu dösen – im Nieselregen und manchmal umstanden von ein paar kleinen Jungs, deren unverständlicher Northsider-Slang uns arge Rätsel aufgab.

1. Etappe: Dublin – Arklow, 72 Kilometer

Der anonyme Tour-Regisseur hat dafür gesorgt, daß wir auf der ersten Etappe gleich die höchsten Berge zu überklettern haben, nämlich die Wicklows. Gleich an der ersten Wegscheide während des mühsamen Anstiegs lernen wir die Tücken irischer Beschilderung kennen – purer Zufall ist's, daß wir den richtigen Weg nehmen. Über einen Lieferwagen mit der Aufschrift „Litter Warden" können wir noch lachen, dann wird uns zusehends trübsinniger zumute: es ist kalt, es ist naß, und der Wind pustet nur von vorne. Wir halten die Nässe für Nebel und Nieselregen, aber in Wahrheit fahren wir in den Wolken.

Kurz hinter Sally Gap der Tiefpunkt: uns kommen zwei Radfahrer entgegen, die nicht treten brauchen, weil der Wind sie weht – dabei sind wir es, die bergab fahren! Unter einem Felsen mit dem uns noch rätselhaften

Flaches Streckenstück jenseits von Sally Gap.

Zeltgelegenheiten bei Woodenbridge und bei Wexford.

Graffito „H Block" rasten wir und versuchen, mit letzter Kraft neuen Mut zu schöpfen – erfolgreich: gleich danach erreichen wir den Scheitelpunkt der Straße, und an der Seite eines hübschen Wasserfalls geht's in rasanter Talfahrt nach Laragh hinab.

Ein jugendlicher Eisverkäufer fragt nach unserer Herkunft und schwärmt von Kevin Keegan, dann rollen wir auf sanft hügeliger Straße durch Wälder am Avonmore und am Avoca River entlang. Gleich hinter Woodenbridge auf einem Hügel neben der Straße ein properer Picknickplatz: hier verbringen wir unbehelligt die Nacht in unseren Zelten.

2. Etappe: Arklow – Wexford, 73 Kilometer

Wir durchqueren Arklow und biegen bei nächster Gelegenheit von der Nationalstraße ab, um auf Seitenstraßen in Sichtweite der Irischen See nach Wexford zu kommen. Orientierungsprobleme und Straßenbauarbeiten können uns nicht aufhalten. In Courtown kommt en miniature die Atmosphäre englischer Seebäder auf: Fish & Chips und ein Krankenwagen, der mit Blaulicht vom Strand kommt.

Die kleinen Nebenstraßen machen jeden Buckel der Landschaft mit, was fürs Radfahren nicht gerade ideal ist, doch das Wetter steht uns bei: ein geruhsamer Tag. Die Bauern schütteln, wie wir zuerst glauben, über uns die Köpfe – erst allmählich dämmert uns, daß das der irische Gruß ist.

In Wexford wird das Abendbrot eingekauft; bei der nächstbesten Gelegenheit an der Ausfallstraße Richtung Waterford schlagen wir auf einer Wiese unsere Zelte auf, in Sichtweite des Bauernhauses. Wird das gutgehen?

3. Etappe: Wexford – Bonmahon, 83 Kilometer

Es geht gut, niemand schert sich um uns. Nach dem Frühstück auf der Wiese strampeln wir die Nationalstraße entlang: das ist nicht schön und nicht erholsam, abwechslungsreich schon gar nicht, aber Alternativstrecken nach Waterford gibt's nicht. Was auf der Karte nach Flachland aussieht, entpuppt sich als heftiges Auf und Ab, ganz besonders, als wir kurz hinter Waterford die Nationalstraße verlassen. Der Ortsname Kill klingt uns wie Hohn in den Ohren; wir wehren uns mit dem Verspachteln einer Eistüte.

Da wir hinter jedem der kurzen harten Buckel, die wir zu erklimmen haben, freie Sicht auf den Atlantik vermuten, werden wir x-mal enttäuscht – bis es dann doch soweit ist: vor uns liegen Meer, eine weite Sandbucht und vorspringende Klippen. „Auf denen müßte man zelten", denken wir uns und wissen doch, daß das Spinnerei ist.

Die Klippe von Bonmahon als Zeltplatz.

Bleibt's allerdings nicht: nachdem wir Strand und Klippe inspiziert haben, scheint uns die Klippe tatsächlich der bessere Platz. Jürgen und Reinhard bauen ihre Zelte so auf, daß sie freie Sicht aufs Meer haben; ich ziehe eine geschützte Mulde vor. Ein Fischer mit Hund kommt auf ein Pläuschchen vorbei; Jürgen badet im kalten Wasser; die Brandungsgeräusche beim Einschlafen unterlege ich im Kopf mit Alan Stivells Keltenharfe.

4. Etappe: Bonmahon – Ardmore, 35 Kilometer

Beim Aufwachen herrscht Sturm. Jürgens Zelt stürzt ein; zum Frühstück hocken wir uns in meinem Zelt zusammen, was nicht bequem, aber gemütlich ist.

Pünktlich zum Aufbruch setzt der Regen ein, der uns den ganzen Tag nicht verläßt. Der heftige Wind kommt natürlich immer von vorn, fast unbezwingbar in einer endlosen ungeschützten Kurve vor Dungarvan. Im Ort wärmen wir uns mit Tee und Fritten, doch trocken werden wir nicht.

Hinter Dungarvan zwingen uns Wind und Steigung zeitweise zum Schieben. Wir diskutieren mögliche Änderungen des Weges, doch die nächste Jugendherberge nördlich von Lismore wäre eh zu weit entfernt, also bleiben wir auf der N25 und hoffen vage auf ein Bed & Breakfast, das sich natürlich nicht einstellt.

Plötzlich bremst ein Auto, das uns überholt hat, der Fahrer springt heraus, reißt den Kofferraum auf und holt ein Regencape hervor, das er mir schenken will. Ich erkläre dem perplexen Samariter, daß ich eines im Rucksack habe, aber nicht überstreifen möchte. Bei Gegenwind wirkt so ein Cape wie ein Segel – da ist mir Durchregnen schon lieber.

Schließlich entdecken wir direkt an der Straße ein unbewohntes Cottage, in das wir uns flüchten: der Kamin zieht noch, wenn das Feuer zum Trocknen unserer Klamotten auch nicht ausreicht, und ein Haufen altes Stroh wird unser Nachtlager. Daß Reinhard darin Ungeziefer entdeckt, erfordert vor dem Einschlafen noch einige Ablenkungskünste.

5. Etappe: Ardmore – Cork, 59 Kilometer

Heute endlich ist der irische Regen so, wie ihn die Reiseführer versprechen: er kommt nur gelegentlich, in Schauern, und zwischendurch scheint die Sonne immer wieder so kräftig, daß wir rasch trocknen. Wir sind immer noch auf der N25 unterwegs, aber die Fahrt ist angenehm, der Wind hat sich gelegt, und obwohl (oder weil?) es Sonntag ist, hält sich der Verkehr in Grenzen – so sehr, daß mit uns ein paar offenbar herrenlose Esel auf der Nationalstraße rumtrappeln.

Die mühsame Regenfahrt über die Paßstraße samt Tunnel erspart uns die ...

... ebenso strapaziöse, aber eindrucksvollere Umrundung der Beara-Halbinsel.

In Cork ist sogar noch Platz in der Jugendherberge, und zur Erholung vom Fish-&-Chips-Einerlei gönnen wir uns Chop Suey beim Chinesen.

6. Etappe: Cork – Glengarriff, 104 Kilometer

Ein Riesentag: das Wetter ist so bombig, daß wir uns nicht enthalten können, früh zu starten. Gleich hinter der Stadtgrenze verlassen wir die Nationalstraße und rollen auf ruhiger Nebenstrecke gen Westen, durch Wälder und oft in Sichtweite des River Lee und seiner Stauseen. In einem Laden treffen wir auf eine ältere Dame mit rudimentären Deutschkenntnissen, die uns nötigt, ihr „donke“ aussprachemäßg zu verbessern.

In lieblicher Landschaft westlich von Macroom spielen Kinder auf der Straße, und uns überholt ein ehemaliger Spritzenwagen der Freiwilligen Feuerwehr Dörverden: Grüße aus der Heimat. Selbst der Anstieg zum Pass of Keimaneigh fällt uns leicht, trotz Gegenwindes im Paßeinschnitt. Oben auf der Höhe wird gerastet, dann geht's in rasanter Talfahrt der Bantry Bay entgegen.

Glengarriff ist uns zu touristisch. Wir verlassen den Ort nach dem obligatorischen Provianteinkauf und finden unweit der Straße nach Kenmare eine idyllische Stelle zum Zeltaufbau: auf einer Wiese unter Bäumen am Bach. Nur Insekten stören uns – und es werden immer mehr, bis wir schließlich die Flucht ergreifen vor Millionen winziger Fliegen und unter ständigem Rudern der Arme unsere Zelte abbrechen.

Ein paar Kilometer weiter wird ein neuer Nachtplatz gefunden; Jürgen allerdings entdeckt auch hier ein paar Insekten und legt sich gleich nur ins Gebüsch mit seinem Schlafsack. Vor uns türmt sich ein Berg von Matterhorngestalt auf, unter dessen Gipfel plötzlich ein Bus erscheint: dort oben ist eine Straße! Unser Kommentar: „Wie gut, daß wir da nicht hoch müssen“ – so kann man sich täuschen ...

7. Etappe: Glengarriff – Kenmare, 16 Kilometer

Ein neuer Tiefpunkt. Als wir aufwachen, regnet es in Strömen; Jürgen kommt pudelnaß in mein Zelt gekrochen. Der Regen läßt nicht nach; wir bleiben in den Zelten und ergehen uns in Plaudereien. Erst als schließlich das Wasser von oben und unten ins Zelt kommt, gibt's kein Halten mehr. Inzwischen ist es Nachmittag. Ich bin so schlau, beim hastigen Zeltabbrechen meinen Rucksack in eine Pfütze zu stellen.

Dann keuchen wir eben jene Straße empor, über die tags zuvor der Bus fuhr. Der Turner's Rock Tunnel bietet nur wenige Sekunden Regenschutz,

Berauschende Ausblicke vom Westzipfel des Ring of Kerry 1978 ...

... und auf einer Revival-Tour genau 25 Jahre später.

dann geht's wieder bergab bis zu unserem Ziel, einer Jugendherberge – wo wir allerdings begrüßt werden mit den Worten: „Sorry, we have a group!" Nichts mehr frei! Wir treten die Flucht nach vorn an und machen B&B: eine für uns fast luxuriöse, aber noch finanzierbare Übernachtungsform (erst in den Folgejahren explodieren die Preise).

8. Etappe: Kenmare – Ballinskelligs, 72 Kilometer

Besseres Wetter: es regnet nur noch in Schauern, und wir genießen den Ring of Kerry. Eher karge Uferstreifen wechseln ab mit Palmenwäldern. Bei Sneem, wo wir uns eine Teepause gönnen (in einer „Bar", die wirkt wie eine etwas schmuddelige Wohnstube aus den 60er Jahren), schwenkt die Straße landeinwärts, und kühle Winde verleiden uns das Mittagspicknick etwas.

Dann sind wir wieder am Meer, und nach steilem Anstieg sind wir hin und weg von dem Panorama. Kurz darauf ein Unfall: ein englischer Kleinbus ist in einer der engen Kurven von einem anderen Wagen fast aufgeschlitzt worden – angesichts des dichten Verkehrs ist auch für uns Vorsicht angesagt. Zwei Tramperinnen, die wir den Tag über mehrmals getroffen haben, verlieren wir, als wir nach Ballinskelligs abbiegen. Dort, am westlichsten Punkt unserer Tour, sind die Straßen voll von Nonnen.

Die Jugendherberge ist in den Tante-Emma-Laden integriert: Anmeldung und Bezahlung finden am Tresen statt. Unsere Taschenlampen leisten gute Dienste, denn im Schlafsaal ist die einzige Birne kaputt.

9. Etappe: Ballinskelligs – Castlemaine, 80 Kilometer

Wieder erwachen wir zu einem grauen Morgen, der arg auf die Stimmung drückt. Entgegen unseren Gewohnheiten frühstücken wir lange und trödeln in der Jugendherberge, machen uns dann lustlos auf den kürzesten Weg nach Killorglin (wodurch uns die wunderschöne St. Finan's Bay entgeht). Jürgen will weg: jeder zweite Tag ein Regentag, das sei ein bißchen viel. Er redet davon, nach Südengland abzuhauen und dort auf Museumstour zu gehen. Erst zögerliche, dann deutliche Aufheiterungen wetterseits lassen solche Gedanken verfliegen.

Die Strecke ist schön, die Fahrt leicht, aber mein Schutzblech, seit ein paar Tagen locker, bricht ganz ab und macht eine Notreparatur erforderlich. Wir entscheiden uns, auch die Dingle-Halbinsel mitzunehmen, biegen also in Castlemaine wieder Richtung Westen. Die Strafe trifft mich; eine Pedale bricht ab. Erst nach langer Suche finden wir ein B&B.

Dem Ausblick vom Connor Pass über die Paternoster-Seen folgt ...

... die rasante Abfahrt unter ständigem Bremsen hinab ans Meer.

10. Etappe: Castlemaine – Tralee, 73 Kilometer

Es hilft nichts: ich fahre mit nur einer Pedale weiter, habe zudem Probleme mit der Dreigangschaltung. Um so härter treffen mich die Steigungen.

In Dingle wird das Fahrrad repariert, bevor uns als neuer Höhepunkt der Connor Pass erwartet. Wir können die grandiose Szenerie in aller Ruhe genießen, denn die Steigung zwingt uns zum Schieben, nicht nur des Ausfalls meines ersten Gangs wegen. Von der Paßhöhe blicken wir in zwei Richtungen aufs Meer, dann geht's wieder bergab: mit kräftig getretener Rücktrittbremse. Aus meiner Radnabe verflüchtigt sich qualmend das Öl, was nichts Gutes verheißt.

Wieder an der Küste, suchen wir lange vergebens nach einer Einkaufsmöglichkeit, bis wir nahe Camp einen Laden entdecken – dessen Äußeres allerdings einer anderen Zeit entsprungen scheint, weswegen wir mehr als unsicher sind, ob da noch was zu holen ist. Zum ohrenbetäubenden Lärm der Türglocke treten wir in einen dunklen Raum, in dem sich Kisten und Kartons türmen. In einer Ecke macht ein Fernseher „bzzbzzbzz" zu bildlosem Flimmern, aus der anderen kommt uns ein buckliges Männchen entgegen und fragt nach unseren Wünschen. „Yes, sons, here you are." Für die Margarine muß er lange in den Kartons kramen; „bzzbzzbzz" macht der Fernseher.

11. Etappe: Tralee – Ennis, 88 Kilometer

Nach einer Nacht im B&B folgen wir der N69 Richtung Norden; die Strecke ist eintönig, aber wenigstens flach. In Tarbert am Shannon sind wir froh, als Radfahrer die Schlange der Autos überholen zu dürfen, die auf die Fähre warten, doch das Boot ist gerade weg und braucht ewig, um zurückzukommen.

Auf der anderen Flußseite verfransen wir uns etwas auf den Nebenstraßen, erwischen dann glücklich die N68 und weniger glücklich den einsetzenden Regen. Spätabends kurz vor Ennis flüchten wir uns in ein B&B.

12. Etappe: Ennis – Galway, 77 Kilometer

Das Wetter ist mäßig, die Strecke schlecht. Wir folgen den Nationalstraßen, die sonntäglich belebt sind. Hinter Gort immer wieder Wegweiser mit dem seltsamen Wort „Yeats" – was mag das sein?

In Galway müssen wir etwas suchen, um die Ausfallstraße nach Connemara zu erwischen; am Ortsausgang leisten wir uns wieder ein B&B.

Bei schönstem Wetter geht's durch die Moor- und Bergwelt Connemaras ...

... bis nach Leenaun zum inneren Ende des Killary Harbour.

13. Etappe: Galway – Westport, 91 Kilometer

Superbes Wetter, superbe Wegstrecke, vor allem hinter Oughterard, als die Landschaft plötzlich nur noch aus schmucken Bergen und blauen Seen besteht, zwischen denen das Teerband dennoch flach bleibt. In Maam Cross biegen wir rechts ab, folgen dann auf etwas hügeliger, aber schnuckeliger Strecke dem Tal des Joyce River. Daß wir stetig an Höhe gewonnen haben müssen, merken wir erst, als es steil bergab geht nach Leenaun, wo wir unsere Füße im Wasser des Killary Harbour kühlen.

Leider geht's Richtung Norden erst einmal bergauf, was aber der Schönheit der Landschaft keinen Abbruch tut. Wir bedanken uns beim Wettergott, indem wir endlich wieder draußen übernachten. Kurz vor Westport schlagen wir unsere Zelte auf einer Weide auf.

14. Etappe: Westport – Skreen, 77 Kilometer

Als wir gerade unseren Zeltplatz verlassen wollen, hält mit quietschenden Reifen ein Wagen, und ein Bauer springt heraus: augenscheinlich der Besitzer der Wiese. Ob wir hier genächtigt haben? Skeptische Blicke; er inspiziert die Weide, ist aber zufrieden, daß kein (irenüblicher) Müll zu finden ist, und fragt uns immer wieder: „Are you well?“ Sind wir allerdings, obwohl die heutige Strecke eher eintönig ist und Streitigkeiten über die Weiterfahrt ab Castlebar die Stimmung trüben.

In Pontoon Bridge auf dem schmalen Damm zwischen Lough Conn und Lough Cullin füttert Jürgen streunende Hunde mit Jacob's Cream Crackers – sehr zum Mißfallen Reinhards, der Hunde nicht ausstehen kann.

Ballina ist potthäßlich, doch kurz dahinter liegt Corbally, wo, wie wir in Dublin lasen, kürzlich eine Jugendherberge eröffnete. Die finden wir auch, aber sie liegt verlassen da, und ein Anschlagzettel verkündet, sie sei wegen „lack of water“ geschlossen worden. Wir können nur laut loslachen, sind aber um den Schlafplatz gebracht und strampeln mürrisch weiter die N59 entlang.

Erst nach acht, als die Sonne sich erstmals blicken läßt und wir auch noch einen offenen Laden finden, neigt sich die Tagesbilanz zum Besseren. Wir schlagen die Zelte auf und lassen uns von einem unsichtbaren, aber laut wiehernden Esel auslachen.

15. Etappe: Skreen – Donegal, 90 Kilometer

Graues Wetter, eintönige Strecke, vor allem hinter Sligo – doch auf der flachen Nationalstraße kommen wir gut voran. In Drumcliff auf einem kleinen

Die munter ansteigende Straße unter dem Errigal bringt uns ...

... hoch über das sogenannte Poisoned Glen hinaus.

Friedhof offenbart sich mir endlich, was das Wörtchen „Yeats“ bedeutet. Kasernen lassen die Nähe zur nordirischen Grenze ahnen.

In Donegal Town empfängt uns schepperndes Lautsprechergedudel auf dem Platz im Zentrum – die effektivste Möglichkeit, sich Irish Folk zu verleiden. Wir steuern die Jugendherberge Ball Hill an. Eine Übernachtung am Meer ist was Schönes, und ein Abendspaziergang an der flachen Bucht ist es auch.

16. Etappe: Donegal – Crohy Head, 72 Kilometer

Die Straße Richtung Westen ist eine echte Berg-und-Tal-Bahn, und es regnet. Wir verpassen den ersten Abzweig nach Ardara, und zu allem Überfluß schleift mein Hinterrad; ein paar Speichen sind gebrochen. In der Mondlandschaft zwischen Ardara und Maas – diesmal haben wir die kleine Abkürzungsstraße erwischt – müssen wir uns astronautenmäßig anziehen gegen den sehr irdischen Regen.

In und um Dungloe herrscht Verkehrschaos, doch wir finden eine Fahrradwerkstatt, und wider Erwarten hat man dort sogar passende Speichen: eine verstaubte Packung aus Meißen. Einem Schild „An Óige“ folgen wir in der irrigen Annahme, es führe uns zur Jugendherberge auf Arranmore – und zu allem Überfluß ist die Jugendherberge Crohy Head dann auch noch voll. Ich bin für B&B, doch da der Regen aufhört, zelten wir in den Dünen neben einem kleinen Betonplatz, auf dem ein Wohnwagen steht.

17. Etappe: Crohy Head – Newtown Cunningham, 77 Kilometer

Die Familie, die im Wohnwagen Ferien macht, bietet uns heißes Wasser für „unseren Tee“ an. Als wir dankend ablehnen, schickt man uns die Kinder mit einer netten Morgengabe: einem Apfel für jeden.

Zurück in Dungloe, verblüfft mich die in gebrochenem Deutsch vorgebrachte Frage eines Schulmädchens, wie spät es sei, so sehr, daß meine Antwort ziemlich unverständlich ausgefallen sein muß; trotzdem bedankt sich das Mädchen artig.

Auf schöner, aber steil ansteigender Strecke passieren wir den wolkenverhüllten Kegel des Errigal. Erneuter Ärger mit dem Fahrrad kann nichts daran ändern, daß mir das Moor- und Heideland ausgesprochen gefällt.

Kurz vor Letterkenny brennt ein Bus, und die Umstehenden benennen nur das Offensichtliche: „They burned a bus.“ Wer „they“ sind, sagt man uns nicht.

Annäherung an Derry, aus den Nachrichten als „Londonderry“ bekannt.

Der Giant's Causeway zieht selbst zu Bürgerkriegszeiten Touristen an.

Auf halber Strecke zwischen Letterkenny und der Grenze zu Nordirland finden wir am Lough Swilly ein abgelegenes B&B und gönnen uns einen Fernsehabend mit *Petrocelli*.

18. Etappe: Newtown Cunningham – Stradreagh, 56 Kilometer

Das Landschaftsbild ist unseren norddeutschen Landen nicht unähnlich, und heimatlich wird's auch beim Grenzübertritt: der Grenzposten merkt, daß wir Deutsche sind, fragt uns auf deutsch, woher genau wir kommen, und dann: „Kennen Sie Seedorf?“ Allerdings, das ist ein Dörfchen in unserer Gegend. „Da hab ich nach dem Krieg einen Kriegsgefangenen abgeholt.“ So machen wir etwas Smalltalk, bevor es weitergeht; nach Ausweispapieren sind wir nicht gefragt worden.

Dafür hält uns vor Derry ein Kontrollposten an. Die Straße nach Limavady ist fast autobahnartig ausgebaut, mit allen Vor- und Nachteilen. In Limavady im Supermarkt erleben wir, daß die irische Freundlichkeit auch hier im Norden gilt. Als wir gerade bezahlt haben, kommt uns der Geschäftsführer nachgelaufen und packt uns noch eine Handvoll Bananen in die Tüte. Sehen wir so verhungert aus?

An der bergigen Nebenstrecke nach Coleraine finden wir die Jugendherberge Stradreagh in einem Gebäude untergebracht, das wohl eher ein alter Schafstall ist. *Hostel Warden* ist die Bäuerin vom nächstgelegenen Hof; sie begrüßt uns mit einem Huhn unter dem Arm und nimmt uns gleich Geld ab. Ganz offensichtlich sieht sie selten in ihrer Jugendherberge nach dem Rechten, was mindestens ein Gast sich zunutze macht – er hat sich hier mehr oder weniger häuslich eingerichtet und dudelt die alten Schellackplatten, die so ziemlich das modernste an Inventar sind.

19. Etappe: Stradreagh – Ballycastle, 56 Kilometer

In Portrush stoßen wir auf die Antrim Coast Road: eine Schnellstraße, die am heutigen Sonntag einigermaßen belebt ist. Nicht ganz ideal ist auch die Besichtigung des Giant's Causeway ausgerechnet am Familienausflugstag, doch die geringe Neigung der Iren, sich weiter als nötig von Auto und Parkplatz zu entfernen, läßt uns den Horden schnell enteilen. In Ballycastle kommen wir in der Jugendherberge unter und gönnen uns wieder chinesisches Essen.

Mull of Kintyre: in der Ferne ist Schottland auszumachen.

Ermöglicht eine flotte Fahrt: die Küstenstraße bei Glenarm in Antrim.

20. Etappe: Ballycastle – Ballygalley, 60 Kilometer

Kurz hinter Ballycastle verlassen wir die A2, um dem äußersten Nordwestzipfel der irischen Insel so nah wie möglich zu kommen. Durch den Dunst über der See sehen wir ein schwarzes Etwas: Schottland. Ich brauche einen halben Tag, um Paul McCartneys blöden Hit *Mull of Kintyre* wieder aus dem Kopf zu kriegen.

Die kleine Nebenstrecke ist sehr bergig: radfahren ist nicht drin, die Parole heißt abwechselnd schieben und bremsen. Ab Cushendull rauschen wir dann bequem auf der ebenen Uferstraße dahin – so flott, daß mir der Hintern weh tut, als wir uns in der Jugendherberge von Ballygalley schlafen legen.

21. Etappe: Ballygalley – Newry, 115 Kilometer

In Belfast beschleichen uns naturgemäß gemischte Gefühle angesichts der Straßenkontrollen, die diesmal auch für uns gelten. Das hält uns freilich nicht davon ab, mittags wieder beim Chinesen zu essen.

In der *Tourist Information* erkundigen wir uns, ob es über den Carlingford Lough eine Fähre gibt. Es gibt keine, sagt man uns, und damit müssen wir die Mourne Mountains wohl abschreiben – nur Reinhard, der mehr Zeit hat, muß es nicht und trennt sich von uns.

Dann ein neues Malheur: als ich am Stadtrand von Belfast vor einer Ampel bremse, blockiert das Hinterrad, und die Rücktrittbremse ist im Eimer. Erst in Lisburn ist eine Werkstatt aufzutreiben, wo man mir allerdings wenig Hoffnung macht, den Schaden beheben zu können; deutsche und englische Normmaße passen nicht zusammen. Jürgen radelt allein weiter, und wir beschließen, daß ich per Zug nach Dublin fahre.

Gegen Abend stellt sich aber raus, daß mein Rad notdürftig wieder flott ist, wenn auch ohne alle Garantien. Ich fahre also weiter, immer die öde A1 entlang, und zwar bis in den späten Abend hinein, da keine Übernachtungsmöglichkeit auftaucht.

In Newry brennt es, und erst hinter dem Ortsausgang entdecke ich einen B&B-Wegweiser, der mich auf eine Nebenstraße führt. Ich finde kein B&B, aber mein Rücktrit geht erneut zu Bruch, und schließlich verbringe ich die Nacht in einem Buswartehäuschen, das mit IRA-Parolen übersät ist. (Jürgen schläft, wie sich später herausstellt, in einem Hotel in Newry.)

Geschafft: Fahrrad und Ausrüstung schadhaft, der Tourenfahrer infiziert.

22. Etappe: Newry – Dun Laoghaire, 112 Kilometer

Ich folge der Nebenstraße und in Forkill der einzigen Richtung, in die kein Wegweiser zeigt. Während über mir ein Hubschrauber knattert, passiere ich die Grenze, die hier aus nichts anderem als einem weißen Strich quer über die Straße besteht, und bin wieder in der Republik.

Mein Fahrrad habe ich soweit flottgemacht, daß es fährt, aber bremsen läßt es sich nicht, also schiebe ich sicherheitshalber durch alle Städte. Ich folge stur der N1; das ist nicht schön, und ständig rauschen Lastwagen an mir vorbei, aber durchhalten heißt jetzt die Devise.

Abends um sechs erreiche ich Dublins Norden. Ein paar B&B werden probiert, freilich erfolglos. Der häufigste Ausdruck, den ich höre, ist *Dublin Horse Show*, denn die läuft gerade und hat mir alle Unterkünfte weggeschnappt. Ich schiebe weiter, probiere auch die Jugendherbergen, die zu so später Stunde natürlich ausgebucht sind, und erscheine kurz vor Mitternacht als seltsamer Geist bei der *Tourist Information* in Dun Laoghaire. Die schickt mich zu einer Dame in der Nähe, bei der ich auf dem Wohnzimmerteppich schlafen kann: nicht bequem, aber ausreichend. (Jürgen und Reinhard treffen sich derweil in der Jugendherberge Clogherhead wieder. Es hat doch eine kleine Fähre über den Carlingford Lough gegeben, wenn Reinhard auch ein wenig auf die Überfahrt warten mußte, da die BBC dort gerade einen Film über die schlechte Lage der Fährleute drehte.)

Am nächsten Abend bin ich mit Jürgen am Fährhafen verabredet, und bevor dreißig Minuten nach Mitternacht das Schiff geht, sehe ich dort eine Sternschnuppe fallen: meinen Virus habe ich intus.

Ein einsamer Rennradfahrer früh im Jahr in den Wicklow-Bergen; der Autor ist es nicht, er fährt nur Tourenräder.

Irish Tour de France

Im gelben Trikot von Dublin nach Cork (1998)

Daß „sich nichts wiederholen läßt“, habe ich schon eingangs des vorherigen Beitrags beteuert; immerhin läßt sich aber doch probieren, was sich verändert, wenn man's trotzdem versucht. Eine Schnapsidee?

Natürlich war das, wovon jetzt berichtet werden soll, eine Schnapsidee, und natürlich haben gerade Schnapsideen im nicht eben alkoholfeindlichen Irland ihren besonderen Reiz. Die Idee hatte mir der Galwayer Germanist Hermann Rasche ausgegeben: wollte ich nicht, zeitweilig von ihm begleitet, die Strecke abradeln, auf der sich das Rennfahrerfeld der Tour de France 1998 durch den Südosten Irlands wälzen würde? Was für ein Einfall!

Von Dublin nach Cork sollte es gehen, was ja schon Teil meiner 1000-Meilen-Tour von 1978 gewesen war; und tatsächlich würde ich auf dieser neuerlichen Beradelung einige der Straßen von damals wieder unter die Räder nehmen dürfen. Natürlich gab es da anfangs auch Skrupel, hatte ich doch inzwischen nicht nur die besagten zwanzig Lenze, sondern, was schwerer wiegen könnte, ebensoviel Kilo mehr auf dem Buckel. Ein bißchen heimisches Training vorweg konnte also nicht schaden, und da man beim Radfahren die Gedanken vorzüglich schweifen lassen kann, holte ich mir dabei gleich einmal die historischen Hintergründe vor Augen.

Einfallstor nach Irland ist der Südosten der Insel seit jeher vielen Eroberern gewesen, insofern reiht sich die internationale Radfahrertruppe in eine alte Tradition ein. Dieser Küstenabschnitt ist fruchtbar und relativ flach und wird von den breiten Mündungstrichtern etlicher Flüsse geprägt, durch die sich schon die Wikinger im zehnten Jahrhundert eingeladen fühlten, Städte wie Wicklow, Arklow, Wexford, Waterford und Youghal zu gründen. Im 12. Jahrhundert landete der Normanne Strongbow bei Waterford, und damit begann die lange Geschichte der Unterdrückung Irlands durch England.

Der Südosten Irlands, vor allem die Grafschaft Wexford, spielte aber auch eine Schlüsselrolle bei der Rebellion von 1798, deren in diesem Jahr ganz Irland gedenkt. Angestachelt von der Französischen Revolution und dem unerhörten Ruf nach Freiheit, Gleichheit und Brüderlichkeit, hatte Theobald Wolf Tone den Geheimbund der *United Irishmen* gegründet und versucht, mit napoleonischen Truppen in Irland zu landen. Man war der Küste schon so nahe, daß man „einen Zwieback an Land hätte werfen können“, wie Tone

Dublin: Bike-Store-Inhaber Tony Doyle weist Rasche & Rathjen ein.

Vorfreude in Dundrum bei Joe Daly. *Flickwerk in der Autowerkstatt.*

es ausdrückte, doch der angeblich schwerste Sturm des Jahrhunderts ließ die Landung scheitern. (Einen solchen Sturm wollen wir den Strategen der Tour de France nicht wünschen, denn Winde wehen hier fast immer aus Südwesten, den Rennfahrern ins Gesicht.) Französische Spione und englische Provokateure erhöhten im geostrategisch wichtigen Südosten den Druck, bis er sich in der Volkserhebung entlud.

Die Ideale der Französischen Revolution schafften es damals nicht, sich in Irland durchzusetzen, doch genau 200 Jahre später wird Irland dann doch noch für drei Tage französisch, jedenfalls, was den Radsport angeht. Natürlich ist das Geschichtsjubiläum der eine Anlaß, die Tour in Dublin beginnen zu lassen, auch wenn es vor zweihundert Jahren noch gar keine Fahrräder gab, sondern höchstens einen nichtlenkbaren Vorläufer, nämlich das Holzlaufrad *Célérifere*, mit dem ein gewisser Sieur de Sivrac 1791 durch den Park des Palais Royal in Paris gondelte. Es gibt aber auch noch einen zweiten, profaneren Grund für den Tour-Start in Irland. In Frankreich läuft während der ersten Tour-Tage noch die Fußball-WM, die alle Aufmerksamkeiten absorbieren wird. Wie passend also, daß die irischen Kicker frühzeitig das WM-Ticket verspielt haben.

Der kurze Prolog der Tour wird in der Dubliner Innenstadt gefahren, was unsereins nun wirklich nicht nach- bzw. vormachen muß, denn die Dubliner Verkehrsverhältnisse kommen dem Radfahrer wahrlich nicht entgegen, und zum Ausgleich steht mir noch ein kräftezehrendes Interludium außerhalb der Tour-Norm bevor. Beginnen wir also mit der ersten richtigen Etappe, die am 12. Juli über 180 Kilometer in der hübschen Landschaft südlich von Dublin verläuft. Sagte ich hübsch? Das ist diese Gegend wohl – für die Radrennfahrer ist sie aber vor allem hügelig, denn die Grafschaft Wicklow, durch die es geht, rühmt sich der größten zusammenhängenden Fläche Berglands in ganz Irland.

Als sollten das die Fahrer nicht vorschnell merken, schlägt die Tour-Route allerdings erst einmal einen Bogen um die Berge. Durch die Dubliner Vorstädte im Süden erreichen wir den immer noch leicht mondänen Bade- und Ferienort Bray – dies allerdings erst, nachdem mich im Dauerregen gleich zweimal ein Plattfuß am Hinterrad erwischt. Der erste Defekt tritt praktischerweise gerade in Dundrum ein, ein paar Schritt vor jenem Supermarkt, dessen Front seit einem Jahrzehnt von einem geschmacklich eher zweifelhaften Gedenkstein zu Ehren von Stephen Roche geziert wird. Der Radprofi Roche, der aus dem Dubliner Vorort Dundrum stammt, brachte 1987 das nicht geringe Kunststück fertig, in einer Saison den Giro d'Italia, die Tour de France und als Zugabe auch noch die Weltmeisterschaft

Hermann in rascher Fahrt auf nagelneuem Asphalt im Tal des Avoca.

Memorial für Shay Elliott am Eingang zum Glenmalure.

der Straßenfahrer zu gewinnen. Näheres zu seiner Karriere läßt sich gleich nebenan im Fahrradladen von John Daly erfahren, wo uns nicht nur manche Anekdote aus erster Kennerhand erzählt, sondern nebenbei natürlich auch fachmännisch mein Reifen geflickt wird.

Beim zweiten Defekt haben wir leider weniger Glück, denn nun gerate ich an keinen Könner, sondern an einen jungen Tankwart, der drei Stunden braucht, um das Rad so zu flicken, daß hinterher alles eiert. Offenbar ist dieser überforderte Bursche kein Nachfahr des patenten irischen Tierarztes John Boyd Dunlop, der 1888 den Luftreifen erfand (es handelte sich beim Prototyp um einen Gartenschlauch, den er mit Leinen bandagiert hatte) und so zur Ablösung der alten Vollgummireifen beitrug.

Vergessen wir die Plattfußepisode und vergessen wir am besten auch gleich den ersten Abschnitt der Tour-Strecke Richtung Süden, die für Radfahrer denkbar ungeeignet ist: die N11 ist hier mörderisch befahren, teils sogar zur *Motorway* ausgebaut, auf der man sich als Radfahrer auch der irischen Straßenverkehrsordnung zufolge gar nicht blicken lassen darf. Wir gönnen uns also einen kleinen Umweg, folgen dabei bestmöglich der Küstenlinie; das kleine Städtchen Wicklow, die „Wikingerweide“, wird passiert, und auf flacher, freilich verkehrsreicher Strecke erreichen wir Arklow, wo der spätere irische Nationalheilige St. Patrick als Sklave erstmals irischen Boden betreten haben soll – seriöse Führer fügen allerdings hinzu, daß das „nicht gesichert“ sei, wie denn auch.

In Arklow haben wir knapp 80 Kilometer in den Beinen, doch die eigentliche Arbeit kommt erst noch. Hier knickt die Tour-Strecke von der Küstenstraße ab und schwenkt nach Norden zurück, geradewegs hinein in die Wicklow-Berge. Zunächst geht es immer am umwaldeten Lauf des Avoca River entlang, vorbei an dem alten Goldgräberdorf Woodenbridge und den stillgelegten Kupferminen bei Avoca zum berühmten *Meeting of the Waters*, dem Zusammenfluß der Wasser Avonbeg und Avonmore. Thomas Moore hat diesen paradiesischen Schauplatz besungen und dafür in Dublin ein Standbild bekommen, das ausgerechnet neben einem öffentlichen Pissoir steht – auch das ein Treffpunkt der Wasser, wie schon Leopold Bloom im Joyceschen *Ulysses* treffend bemerkt. Übrigens ist das *Meeting of the Waters* inzwischen ganz und gar kein idyllischer Ort mehr, so sehr wird er durch Beton und Touristennepp verunziert.

Etwas weiter die sacht ansteigende Straße hinauf geht am Eingang ins bedrohliche Glenmalure vorbei, eine Schlucht, die leider nicht sonderlich radfahrtauglich ist, sonst wäre ein Abstecher wohl angemessen: dort ist der Ort, sowohl der Radfahr- wie der Rebellionsgeschichte Irlands zu huldigen.

Rasche & Rathjen beim Endspurt auf den Wicklow Gap.

Auf den Anstieg folgt die angenehmere Abfahrt vom Wicklow Gap.

In der Nähe von Drumgoff gibt es ein Memorial für Shay Elliott, der sich Mitte der 50er Jahre als erster Ire das gelbe Trikot der Tour de France überstreifen konnte, sich in Frankreich einige Jahre später allerdings das Leben genommen hat, wie ich von meinem Fahrradflicker in Dundrum erfahren habe. Weiter talauf dann kann man auf einen Gedenkstein für Michael Dwyer stoßen, den 98er Rebellen, der sich mit seinen Mannen jahrelang in der Glenmalure-Schlucht verbarg und der eigentliche Anlaß dafür war, daß die englischen Besatzer die wunderschöne *Military Road* über die wilden Berge bauten.

Über idyllische Straßen, die der Tour zuliebe gerade noch letzte Ausbesserungsarbeiten erfahren, ist rasch Glendalough erreicht, das Tal der zwei Seen, in dem der heilige Kevin im 6. Jahrhundert jenes Kloster gründete, dessen Bedeutung für die Christenheit zeitweise fast die von Rom erreichte. Im 9. und 10. Jahrhundert fielen auch hier die Wikinger ein und veranlaßten die Mönche zur Erfindung einer der schönsten architektonischen Besonderheiten Irlands, des Rundturms, in den man sich bei Gefahr zurückzog. Daß diese Türme, deren einige auch die Zerstörung Glendaloughs durch englische Truppen 1398 überstanden, gewaltige Phallussymbole sind, wird nicht im Sinne des Gründungsheiligen gewesen sein, der sich nämlich der Einsiedelei und Askese hingab. Eine Frau, die sich ihm amourös näherte, soll er vom Felsen in den See zu Tode geschleudert haben; mit derlei Übungen ist Kevin der Überlieferug zufolge 120 Jahre alt geworden.

Fast so alt fühle ich mich, nachdem wir Glendalough passiert haben, und auch Jan Ullrich & Co. dürften sich auf diesem Streckenabschnitt reichlich asketisch vorkommen, denn nun geht es die Paßstraße zum Wicklow Gap hinauf. Der Scheitelpunkt liegt auf etwas mehr als 500 Metern, was sich nach wenig anhören mag – kurz vorher waren wir aber noch auf Meereshöhe, und die Steigung piesackt ganz schön. Zum ersten Mal auf unserer Tour spüre ich die 15 Kilo, die ich (im Gegensatz zu den echten Rennfahrern) auf dem Gepäckträger mitschleppe.

Eine Paßstraße bietet immer zweierlei Lohn für die Mühsal des Kletterns: einmal den Ausblick von der Höhe (dem sich die Tour-Fahrer wohl schwerlich lange hingeben werden – um so ausgiebiger tun wir das), zum andern die anschließende Abfahrt. Hinunter geht es in ein Dörfchen, das Hollywood heißt, dennoch nichts Glamouröses aufzuweisen hat, und hier biegt die Tour-Strecke rechts ab. Wirklich schade, daß sie sich nicht nach links wendet, denn dann kämen die Rennfahrer gleich an einem prähistorischen Steinkreis aus vierzehn Felsen vorbei: *The Piper's Stones* heißen die, weil die Volkssage die Felsen mit einer Gruppe von Tänzern identifiziert, die mit

Nach dem zweiten Aufbruch: Blick zurück auf Dublin von der Militärstraße.

Wieder einmal Sally Gap – mit einer Pirouette für den Selbstauslöser.

der Versteinerung bestraft wurden, weil sie am Sabbat hier tanzten. Die Tour-Fahrer werden an einem Sonntag zwar nicht tanzen, aber durch Hollywood flitzen – wie wär's mit einer Felshalde aus zu Stein verwandelten Radrennfahrern?

Die Bergstrecken liegen für heute hinter uns, leider aber auch die Strecken, die auf den Landkarten grün berändert sind, der landschaftlichen Schönheit wegen. Auf der *National Road* verstrampeln wir unsere letzten Kräfte, vorbei am Poulaphouca-Reservoir (dessen Wasserfälle im Joyceschen *Ulysses* leibhaftig auftreten), und ich erinnere mich düster, in einem einschlägigen Führer gelesen zu haben, irische Autofahrer gingen rücksichtsvoll mit Radfahrern um und führen im weiten Bogen um diese herum. So? Bei uns tun sie's ganz und gar nicht, sogar Steinbruch-Lkws brausen in der Ortsdurchfahrt des Städtchens Blessington, das gar nicht so gesegnet wirkt, wie es heißt, dicht an uns vorbei.

Und dann sind wir – Schreck laß nach! – wieder in Dublin: die erste Etappe ist ein Rundkurs und führt alle Stadtflüchtigen wieder in die Metropole zurück. Ganz genauso ergeht's übrigens schon den Titelhelden in Samuel Becketts sarkastischem Roman *Mercier und Camier*, in dem sich außerdem die ultimative Fahrraderkenntnis findet: „Das Fahrrad ist ein hohes Gut. Doch bei falschem Gebrauch wird es gefährlich." Ein falscher Gebrauch ist es bei Beckett stets, wenn ein Fahrrad nicht seinen Fahrer befördert, sondern umgekehrt vom Besitzer transportiert wird: schiebend, tragend oder auch mit Bus und Bahn. Eben dies tut unbegreiflicherweise der Tour-de-France-Troß; nachdem man die erste Etappe praktisch verschenkt hat, indem man sie auf ihren Ausgangspunkt zurückbiegt, springt man nun gen Süden und beginnt die zweite Etappe in Enniscorthy in der Grafschaft Wexford.

Es wäre mir natürlich ein leichtes, mein Rad unter den Arm zu nehmen und per Zug nach Enniscorthy zu reisen – doch eben das wäre „falscher Gebrauch", der mir als Beckett-Anhänger (und Träger des „gelben Trikots der Beckett-Forschung", das mir der irische Lyriker David Wheatley in einer Rezension meines Büchleins *Samuel Beckett & seine Fahrräder* verlieh) unmöglich ist. So werde ich (nun solo) also meine private Zwischenetappe einlegen müssen. Sie führt mich wieder über die Berge, auf jenem Weg über Glencree und Sally Gap, den ich schon vor zwanzig Jahren beradelte und den Beckett in *Mercier und Camier* beschreibt: „Ein noch befahrbarer Weg verläuft quer über die Hochheide. Es ist der alte Heerweg. [...] Das Meer ist nicht weit, durch die ostwärts hinabführenden Täler kann man es sehen, es hat kaum mehr Farbe als der Himmel, der kaum welche hat, es ist wie eine Borte. In den Falten der Heide sind Seen verborgen, wenn man

Ausblick ins hübsche Glenmacnass bei der Abfahrt von der Hochebene.

Windmühlenstumpf auf dem Vinegar Hill bei Enniscorthy.

sie entdecken will, muß man vom Wege abweichen, schmale Pfade führen dahin, wo hohe Felswände sie überragen. Alles sieht flach aus oder sanft gewellt, und doch kommt man ganz nahe an hohen Felswänden vorbei, ohne etwas von ihnen zu ahnen. Aus Granit sogar. Seltsames Land." Seltsam – und grandios, erst recht mit der zusätzlichen Zierde jenes unverhofften Schnees, den ein unirisch kalter April auf die Höhen gestäubt hat.

Auch das sanfthügelige Südwicklow, der „Garten Irlands", hat seinen wenngleich weniger spektakulären Reiz; durchs verschlafene Carnew geht's, wo mir zum ersten Mal eine Erinnerungstafel für erschossene 98er Rebellen begegnet und ich mir bei Mrs. Jane Austin (mit einem i statt des unter literarischem Gesichtspunkt natürlich wünschenswerteren e) eine Bed-&-Breakfast-Pause gönne, und dann durch die selbst für irische Verhältnisse besonders grüne Umgebung von Ferns. Das ist zwar nur ein Kaff, war aber immerhin einmal gleichzeitig Sitz des Hochkönigs und des Erzbischofs von Leinster, was wahrscheinlich mehr Vergangenheit ist, als ein ganz und gar unbedeutendes Nest vertragen kann.

Am Ende meines 120kilometrigen Zwischenspiels (das, unter uns gesagt, viel schöner ist als die offizielle Tour-Route) erreiche ich Enniscorthy im Tal des Slaney River, über den Colm Tóibín in seinem Roman *Der Süden* schreibt: „Der Slaney nördlich von Enniscorthy und südlich von Bunclody. Das war das Land, das die Engländer übernommen und beackert hatten. Sie hatten die Bäume gefällt, sie hatten allem neue Namen gegeben, als seien sie die ersten Menschen, die hier lebten. [...] Morgens lag Nebel über dem Slaney, greifbar, grau, und verweilte dort. Am Spätnachmittag gegen vier, wenn das Licht schwächer wurde, senkte sich tiefe Ruhe über den Fluß, eine dunkelblaue Stille, als treibe Glas von Wicklow dem Meere zu; selbst die Geräusche verstummten dann, die paar Krähen in den Bäumen, die Rinder in der Ferne und das gedämpfte Murmeln des Wassers."

Nachmittags um vier bin ich schon längst wieder weg aus Enniscorthy, denn wer rastet, der rostet zwar nicht gleich, büßt aber das gelbe Trikot ein – und außerdem erinnere ich mich eines Satzes aus Tóibíns zweitem Roman *Flammende Heide*, der zu großen Teilen in und um Enniscorthy spielt: „Man vergißt leicht, wie viele Hügel es gibt, bis man sie mit dem Rad abfährt." Bevor ich Enniscorthy verlasse, mache ich einen kurzen Abstecher auf den allersteilsten dieser Hügel, den Vinegar Hill. In einer Windmühle dort droben, von der heute nur noch der Stumpf steht, hatten sich vor zwei Dezennien die letzten Rebellen verschanzt, bis sie von 20.000 Soldaten unter General Lake hingemetzelt wurden – das war das Ende der Rebellion und beschert dem Städtchen nun als Spätfolge den Tour-Etappenstart.

Der River Barrow oberhalb von New Ross, wo ...

... der Vorausradler eine Pause einlegt und die weitere Strecke studiert.

Die Strecke von hier nach Cork führt fast ausschließlich über große, verkehrsreiche Straßen, was bedeutet, daß es auch für mich nun mit der Geruhsamkeit vorbei ist. Schon lange vor New Ross, aus dessen Umland einst eine Familie Kennedy nach Amerika auswanderte, habe ich mich notgedrungen ans Abgasschlucken gewöhnt, und als der erste Tieflader mit einer Planierraupe in knapp bemessenem Abstand vorbeiwischt, wird mir unmißverständlich klar, daß ich wieder auf einer *National Road* bin. Der Sog des Fahrtwinds, den solcher Schwerverkehr erzeugt, ist keineswegs hilfreich, auch wenn er immerhin in die richtige Richtung zeiht. Der normale Radreisende, der nicht so ein wahnwitziges Projekt wie ich verfolgt, kann denn auch nur davor gewarnt werden, sich solche Straßen auszusuchen. Wolfgang Kettler empfiehlt in seinem Radwanderführer denn auch eine verkehrsarme Alternativstrecke, die parallel zur Hauptstraße verläuft – aber was hilft das mir, der ich mich doch an den Tour-Plan halten muß?

Bei der Weiterfahrt von New Ross nach Waterford jubiliere ich dann fast, weil ich nicht wieder über eine zu Straßenbauzwecken aufgerissene Schotterpiste bergan holpern muß wie damals vor zwanzig Jahren. Überhaupt läßt sich über den Asphalt kaum meckern. Die Iren wollen sich nicht blamieren und haben alle Strecken für die Tour de France so präpariert, daß man die typisch irischen Schlaglochstraßen fast vergißt.

Die alte Glasbläserstadt Waterford ist mit knapp 50.000 Einwohnern zwar die größte Stadt zwischen Dublin und Cork, wird von der Tour aber trotzdem links liegengelassen – ob das daran liegt, daß die Stadt über Jahrhunderte als besonders königstreu galt und folglich nicht ins Rebellionsimage paßt? Wie auch immer: am Stadtrand schwenkt die Rennstrecke nach Nordwesten weg und folgt dem lieblichen Tal des Suir, der leider zwar nie fern ist, aber doch nur selten einmal kurz vor meinen Augen aufblitzt. Allmählich tauchen am Horizont die Comeragh Mountains auf, doch zuvor müssen wir noch durch Carrick-on-Suir, ein Kleinstädtchen, für das die Tour de France eigens einen längeren Umweg fährt. Der Grund ist weder die mittelalterliche Brücke über den Suir noch das einzige Tudorschlößchen in ganz Irland; der Grund ist Sean Kelly, der in diesen Wochen Interviews am laufenden Band gibt. Kelly ist, wiewohl inzwischen nicht mehr aktiv, der berühmteste Radrennfahrer Irlands – noch vor Stephen Roche. Kelly hat im Radsport fast alles gewonnen, was es zu gewinnen gibt – nur leider nie die Tour de France und nie die Weltmeisterschaft.

In Carrick-on-Suir ist ein (etwas schäbiger) Platz nach Sean Kelly benannt; eine Ehrentafel rühmt paradoxerweise gerade seine „Erfolge bei der

Carrick-on-Suir, Heimat des irischen Radsportidols Sean Kelly.

Zufahrt auf die Comeragh Mountains.

Tour de France und der Weltmeisterschaft“, und erst nach einigen am Ort nicht unumstrittenen Umbaumaßnahmen, die einen gefährlichen Engpaß gleich neben dem Platz entschärfen, kommt der Sean Kelly Square doch noch ins Streckenprofil der Tour ’98. Der Bauernsohn Kelly stammt allerdings nicht direkt aus Carrick, sondern aus dem Dörfchen Curraghduff ein paar Kilometer südlich. Als ich dort ankomme, weiß ich auch, woher Kelly seine Profikondition hat, denn zuvor sind in viertelstündiger Schinderei sehr unirische Serpentinen zu überwinden. Oben auf der Höhe stehen sogar noch verblassende KELLY-Schriftzüge quer über die Straße geschrieben, wohl von einem verjährten irischen Radrennen. Dieser mordsmäßige Anstieg ist die böse Überraschung auf dem Weg ins Küstenstädtchen Dungarvan. Die gute Überraschung liefern hingegen die Comeragh Mountains, wo die Strecke mich zwar an steilen Felswänden vorbeiführt, dies aber in so sanften Schwüngen, daß ich den Anstieg kaum merke. Um mich her blüht der Stechginster und bildet mit den grünen Wiesen ein höchst adrettes Muster, Wälder spenden Schatten, Wasserfälle ergießen sich zwischen schroffen Felsklüften zu Tal – ich hätte nicht übel Lust, mein Rad abzustellen und die Wanderqualitäten der Comeraghs zu überprüfen, auf der Suche nach dem Versteck des Highwayman William Crotty, der im 18. Jahrhundert hier in einer Höhle über dem Crotty’s Lake eine Art Robin-Hood-Existenz führte, bis die Staatsorgane ihn sich griffen und 1742 in Waterford öffentlich zum Tode beförderten.

Aber ich muß weiterstrampeln. Nach einer guten Stunde bin ich kurz vor Dungarvan wieder im Schwerverkehr der *National Road*, die nach einem süperben ersten Ausblick über den blitzenden Atlantik unmerklich aufs Meeresniveau hinabführt und jenseits der Stadt um so spürbarer wieder an Höhe gewinnt. Eingedenk des ganztägigen Dauerregens, der mich bei meiner Erstberadelung auf diesem Streckenabschnitt tränkte, muß ich wohl froh sein, daß der Regengott sich heute mit längeren Schauern zufrieden gibt. Noch froher bin ich, daß die Tour-Planung von Dungarvan aus nicht Kurs Nordwest nimmt, sonst wäre ich auch noch am Denkmal für Master McGrath vorbeigekommen, der vor 130 Jahren in seinem Sport erfolgreicher war als Eddy Merckx im Radsport. Master McGrath, muß man wissen, war ein Windhund – und mit Kötern haben Radfahrer nun wirklich nichts im Sinn, schon gar nicht in Irland, wo kläffende Vierbeiner mit Vorliebe vorbeifahrenden Zweirädern nachjagen.

Beim Verlassen Dungarvans zieht die Straße so kräftig an, daß selbst die Serpentinen, die die Iren ausnahmsweise auch hier bauten, nicht wirklich helfen. Der Blick zurück auf die Bucht ist vortrefflich, läßt sich aber kaum

An der Straße nach Youghal: Wiedersehen mit der Notunterkunft von 1978.

Youghal: feucht-maritimer Gruß an den Übersetzer.

genießen und erst recht nicht im Foto festhalten: einmal angehalten, käme ich wohl kaum wieder in die Gänge. Erst nach einer halben Stunde wird die Sache erträglicher, aber noch 15 Minuten lang geht's bergauf. Die Straße ist gegenüber 1978 stark ausgebaut worden; neben der Fahrbahn gibt es jetzt breite Standstreifen (was den Radfahrer erfreut) und daneben wiederum das, was bei der Formel 1 wohl Kiesbett hieße, hier aber eine Binsenfläche ist – und dieser breite Streifen, für den zuhauf Bäume weggeholzt wurden, freut nicht den Radfahrer, sondern nur den Wind, der ihm voll in die Parade fahren kann. Besagter Wind hat dann auch gleich einen ausgiebigen Regenschauer in petto. So konkret hatte ich mir die Erinnerung eigentlich doch nicht vorgestellt. Vor zwanzig Jahren war diese Strecke immerhin der Schauplatz jenes frustrierenden Trieftages, an dem selbst der Tee in Dungarvan (der damals nur 16 Pence kostete!) nur notdürftige Aufwärmung brachte und der mit fast erfolgloser Unterkunftssuche endete.

Aber da, rechts am Straßenrand, am Scheitelpunkt der Steigung: es steht noch, wenn auch weiter verfallen und vom Gestrüpp umrankt, das verlassene Cottage, in dem damals die Flucht ins Stroh angetreten wurde! Und die zweite frohe Botschaft ist, daß genau hier tatsächlich die allerletzte erwähnenswerte Steigung bis zum Ziel in Cork überwunden ist. Belebten Mutes also geht's hinunter nach Youghal an der breiten Mündung des River Blackwater, auf dessen Brücke sich die Angler reihen und mich in dieser neuerlichen Wikingergründung begrüßen. Sir Walter Raleigh hat in Youghal unrühmlich geholfen, einen Aufstand niederzuschlagen, und wurde mit riesigen Ländereien und dem Herrensitz Myrtle Grove belohnt, auf denen er ausgiebig mit seinen Mitbringseln aus der Neuen Welt experimentieren konnte: der Kartoffel und dem Tabak. Gelegentlich erhielt er dort auch Besuch von seinem Freund, dem elisabethanischen Dichter Edmund Spenser, der sich in seinem Zweitschloß in Enniscorthy nie recht wohlfühlte und bei der erstbesten Gelegenheit – einem Aufstand der Einheimischen – nach England zurückkehrte. Das interessiert mich nun aber weniger, denn als *Moby-Dick*-Neuübersetzer suche ich nach Filmkulissen. In Youghal wurden 1954 große Teile des Kinoklassikers mit Gregory Peck gedreht. Schmuck sieht das Städtchen tatsächlich immer noch aus (und der hübscheste Bau, der alte Uhrenturm, ist in dem Walfangfilm nicht einmal zu sehen!), also mache ich es feierlich zur Kulisse meiner letzten Proviantpause vor dem Endspurt nach Cork.

Der letzte größere Ort, der vor Cork passiert wird, heißt Midleton und ist ein 4000-Seelen-Kaff, das jedem gefährlich werden kann, der das mit der Schnapsidee meines Tour-Tests allzu wörtlich nimmt. Midleton ist nämlich das Zentrum der irischen Whiskeyproduktion; nirgendwo im ganzen hochprozentigen Lande gibt es mehr Destillen als hier. Der Name „Whiskey" ist die anglisierte Fassung des gälischen *uisce beatha*, was wörtlich „Lebenswasser" heißt – tödlich allerdings könnte es wirken, am Ende eines strapaziösen Radfahrertages Zuflucht zu diesem Mittel (oder gar seiner Urform, dem schwarzgebrannten Poitín) zu nehmen. An dieser Warnung ändert auch nichts, daß die beiden bekanntesten schriftstellernden Trinker Irlands Gültiges zum Thema Fahrrad beigetragen haben, nämlich Flann O'Brien und Brendan Behan.

Überhaupt hat die irische Literaturgeschichte uns einiges zu bieten, was das Radfahren anbetrifft. „Wir begegneten uns auf halber Höhe, dort, wo früher die steile Stelle war", beginnt die Short Story „Der Weg voraus" von John Montague, und da assoziiert jeder Kenner der Materie ja sogleich und korrekt das Pedaltreten. „Er stieg bergauf und schob sein Fahrrad vor sich her, während ich bergab ging", so lesen wir dann, und schon folgen Bemerkungen über den zunehmenden Autoverkehr – Montague ist eben doch ein realistischer Autor. Um schiebende Radfahrer, die einander begegnen, geht's auch in der Skizze „Wenn Seamus einen trinken will ..." aus Heinrich Bölls *Irischem Tagebuch*, die ihre Pointe aus der Notwendigkeit bezieht, für den sonntäglichen Umtrunk der eigenen Gemeinde zu entradeln, um als bona-fide-Reisender gelten zu können, dem Alkoholika ausgeschenkt werden dürfen. Aber nicht nur für die Trink-, sondern auch für die Rettung der Volkskultur Irlands war das Fahrrad lange Zeit von unschätzbarem Wert. Scharen von Märchen- und Liedersammlern schwärmten in den frühen Jahrzehnten des 20. Jahrhunderts per Veloziped ins ländliche Irland aus, um zu retten, was noch zu retten war.

Andere wiederum karriolten mit dem Stahlroß durch die Landschaften des Westens, um gerade neue Ideen zu verbreiten. Im *Ulysses* von James Joyce sieht der Held Leopold Bloom auf der Straße den esoterischen Dichter und tatkräftigen Agronomen George William Russell alias A.E., eine „hohe Gestalt in Homespun", die er an „Bart und Fahrrad" erkennt. Das spielt darauf an, daß Russell tatsächlich ganz Irland per Fahrrad bereist hat, um Farmerkooperativen zu organisieren. Ein Dubliner Kneipenwitz, der offenbar schon im frühen 20. Jahrhundert einen Bart hatte, behauptete, Russell sei „auf jenem Fahrrad direkt auf den Herausgeberposten des *Irish Homestead* gejuckelt".

James Joyce, der Erfinder des Wortes „bisexycle", war eher Spaziergänger als Radfahrer, und die Bilder, die man von ihm kennt, legen auch kaum nahe, daß er jemals besonders sportlich gewesen sein könnte. Als er 1912

Cork (am River Lee) als inneririscher Rivale der Hauptstadt Dublin ...

... verbindet mit dem Namen „J. Joyce" ganz eigene Dinge.

mit seiner Familie ein paar Wochen in Galway war, radelte Joyce aber immerhin bis nach Oughterard, um den Friedhof zu sehen, der in seiner berühmten Erzählung „Die Toten“ eine Rolle spielt. Eine Fahrradanekdote weiß im übrigen auch Ken Monaghan zu erzählen, der Neffe von Joyce. Als er sich in sehr jungen Jahren nichts sehnlicher wünschte als ein neues Fahrrad, schrieb er einfach an den berühmten Onkel nach Paris und teilte ihm seinen Wunsch mit. Joyce schickte ihm tatsächlich das Geld, war aber ziemlich verärgert und ließ den Neffen wissen, er solle ihn in Zukunft mit solchen Wünschen verschonen.

Die größten Fahrradliebhaber der irischen Literatur sind sicherlich Flann O’Brien und Samuel Beckett. O’Brien ist der Erfinder des kauzigen Professors de Selby und der wiederum Verfechter der These, durch den fortwährenden Aufprall des Radlerhinterns auf den Fahrradsattel beim Befahren der holprigen irischen Straßen und Wege komme es zum Atomaustausch, so daß die Persönlichkeit der Radfahrer zusehends auf ihre Zweiräder übergehe und umgekehrt. Die beiden Wachtmeister des O’Brien-Romans *Der dritte Polizist* ziehen deshalb alle Fahrräder aus dem Verkehr, deren sie habhaft werden können. In den düsteren und freudlosen Welten der Erzählungen und Romane Samuel Becketts wiederum gilt dem Fahrrad überall da, wo es auftaucht, die letzte Liebe der Figuren, auch wenn diese oft genug zu sehr verkrüppelt sind, um noch drauf zu fahren. Der Held der Erzählung „Fingal“ wimmelt ein liebeshungriges Mädel ab, um stattdessen ein am Feldrain liegendes Rad zu klauen und in einer Art Fahrraderotik zu schwelgen; der Romanheld Malone empfindet das Betätigen seiner Fahrradhupe als „Wollust“; sein Vorgänger Moran wünscht sich nichts sehnlicher, als „viertausend Worte“ über sein Fahrrad zu verlieren – also das, was wir hier machen. Am drastischsten von allen irischen Schriftstellern hat aber wohl Brendan Behan den Zusammenhang seines Heimatlandes mit dem Fahrrad ausgedrückt. Eines seiner Bonmots lautet: „Was ist der Unterschied zwischen einem Iren und einem alten Fahrrad? Es gibt keinen Unterschied; beide kneifen sie dich am Arsch!“

Mein Fahrrad, ein Prachtstück aus dem Fuhrpark der Firma *The Bike Store*, ist ein nagelneues – dennoch kneift es mich in der Tat reichlich, als ich im brandenden Verkehr mit letzter Kraft endlich Cork erreiche, die zweitgrößte Stadt der irischen Republik. Von hier aus wanderten unzählige Iren aus; von hier aus nahm die *Titanic* mit dem bekannten Ergebnis Kurs auf Amerika; von hier aus werden die Tour-de-France-Fahrer nach Frankreich übersetzen. Für mich allerdings ist hier Schluß mit der Renntour, zumal ich keine Aussicht mehr auf eines der Siegertrikots habe und selbst

Nach der Tour ist vor der Tour: der Autor ist von Cork aus einfach weitergefahren, hier rastet er in Courtmacsherry.

als Wasserträger wohl nichts tauge: fast neun Strampelstunden (zuzüglich Pausen) habe ich für die 205 Kilometer von Enniscorthy nach Cork gebraucht, die die Rennfahrer dann später zwar nicht, wie von der Tour-Planung vorgegeben, in unter fünf, aber doch in weniger als sechs Stunden entlangflitzen. Die Profis scheinen auf ihrer Fahrt fast noch kräftigeren Gegenwind zu haben als ich; der Siegerschnitt von genau 35,72 Stundenkilometern bleibt mir dennoch grotesk unerreichbar, und ich muß schon froh sein, daß der stete Gegenwind wenigstens ein Tempo von gut 23 Stundenkilometern erlaubte.

So werde ich von Cork aus noch zwei Tage gen Südwesten strampeln, in gemütlichem Schneckentempo, an der Küste entlang unter Vermeidung aller Hauptverkehrsstraßen, ganz so, wie man es jedem touristischen Radler nur raten kann, und die Zeit Zeit sein lassen. An der Halbinsel des Old Head of Kinsale werde ich für eine mehrstündige Klippenwanderung mein Rad stehen lassen und mich endlich einmal am kräftigen Südwestwind erfreuen können, der mir das Hirn freibläst; in Courtmacsherry werde ich mich zum Picknick an die weit ins Land vordringende Meeresbucht hocken und die Front der hübschen Cottages bewundern; dann werde ich für die Weiterfahrt nach Clonakilty den Umweg über menschenleere Sträßchen nehmen, immer so nah wie möglich an der See, mich nicht darüber ärgern, daß mancher Anstieg so steil ist, daß er mich zum Absteigen zwingt, und zwischen den Seven Heads und North Ring an jeder kleinen Bucht anhalten, bis ich ganz besoffen bin von der famos vielen Zeit, die sich hier verlieren läßt. Verlieren? Wohl doch eher ein Gewinn ist dieser leider nur fast endlose Schlenker am Ende meiner Tour d'Irlande.

Gewiß, es ist ketzerisch, doch ich möchte dabei bleiben, daß dieser gemächliche Gebrauch des Fahrrads der – um Beckett abzuwandeln – „richtige Gebrauch“ ist. Beckett übrigens stach im Corker Hafen Cobh in See, um sein Traumland, Frankreich nämlich, auf einer Radtour zu entdecken. Am Ende (nicht der Radtour, sondern seines Lebens) war Beckett in Paris. *Hélas, maillot jaune!*

Postskript zur Tour de France

Die Begeisterung des irischen Publikums kannte keine Grenzen, dennoch spricht doch einiges dafür, daß die erste Stippvisite der Tour de France in Irland auch die letzte sein wird. Zwar wurde die allbekannte Gastfreundschaft der Iren von den Kommentatoren und den Rennfahrern pflichtschuldig gelobt, doch nicht nur zwischen den Zeilen ließen die strampelnden wie die berichterstattenden Gäste durchblicken, wie froh sie doch wären, rasch wieder auf gewohntes Festlandterrain zu kommen. Sprintstar Erik Zabel beklagte sich über das Wetter und setzte hinzu, das hätte man sich bei Irland ja wohl auch denken können. Dabei traf man's meteorologisch gar nicht allzu schlecht: beim Prolog und der ersten Etappe regnete es nur gelegentlich, auf der zweiten Etappe schien sogar die Sonne. Ein kräftiger Gegenwind blies zwischen Enniscorthy und Cork, wohl wahr, aber warum soll es den Profis besser gehen, als es unsereins beim Vorwegradeln ergangen ist? Der Wind konnte den Radfahrern immerhin als Ausrede dafür dienen, daß sie bedeutend langsamer waren als erwartet, nicht nach knapp fünf, sondern erst nach knapp sechs Stunden erreichten sie Cork, was einem Schnitt von 35,7 km/h entspricht – so gesehen erscheint das festinafreie Tempo des „Team irland journal" (23,5 km/h) doch in gar nicht so schlechtem Licht. Die langsame Fahrt der Profis erlaubte es zudem, etwas länger die durchfahrene Landschaft zu beschauen – freilich mußte der deutsche TV-Zuschauer dafür auch länger jene fachkundigen Kommentare ertragen, in denen das Hafenbecken des Lee in Cork zu einer „Bucht der Irischen See" erklärt und beim Eintreffen in Dungarvan behauptet wurde, man befinde sich nun „in der Region ‚Cork und Kerry', einer Landschaft im Süden Irlands"! – Ach ja: Sieger gab's auch. Den Prolog gewann der Brite Chris Boardman, die erste Etappe der Belgier Tom Steels und die zweite Etappe der Tscheche Jan Svorada. Boardman durfte zwei Tage lang das gelbe Trikot tragen, in dem er es bis Cork schaffte – allerdings nicht zu Rade, sondern im Krankenwagen, denn kurz vor Youghal stürzte er schwer. Nicht ganz so schwer übrigens wie der Schreiber dieser Zeilen, der zwei Wochen nach der Rückkehr von der *ij*-Vortour während der Fahrt vom Rad abstieg – eine Gehirnerschütterung, zwei gebrochene Rippen und ein dreifacher Bänderriß in der Schulter erzwangen acht streng radfahrfreie Tage für *Friedhelm Rathjen.*

Anfang Oktober 1999 auf dem Ulster Way: der Autor auf der Suche nach der Grenze.

Die Grenzerfahrung

Von Dundalk nach Derry an der Border entlang (1999)

Kübelweise Hohn und Spott wurde natürlich schon vorher über mich ausgegossen. Nicht nur meteorologischen Vorurteilen sah ich mich ausgesetzt, sondern auch dem Hinweis, mit zerschmetterter Kniescheibe sei das Radfahren schwierig. Meine Knie sind, soviel darf ich vorwegnehmen, noch in Ordnung. Ich hatte auch nichts anderes erwartet, wußte ich doch, daß die Law-and-Order-Hardliner beider Bürgerkriegsseiten sich zwar derzeit verstärkt an der eigenen Klientel vergreifen, keineswegs jedoch an Unbeteiligten. Das einzige Mal in meinem Leben, daß meine Kniescheiben bedroht waren, spielte sich zwei Jahre zuvor in Hamburg ab, am Rande einer Lesung Robert McLiam Wilsons. Der mit seiner Belfaster Herkunft kokettierende Schriftsteller herrschte mich mehrmals an, gleich werde er seine Knarre rausholen und mir durchs Knie ballern, weil ich mich über die Iren lustig machte. Dafür, so McLiam Wilson, sei er allein zuständig.

Die innerirische Grenze ist nichts, worüber man sich lustig machen muß, aber richtig ernstnehmen braucht man sie heute nicht mehr, schon gar nicht als Fahrradtourist. Gespannt freilich war ich schon, wie die Atmosphäre an der Grenzlinie sein würde. Um das herauszufinden, wollte ich meine Strecke so gestalten, daß ich jeden der zwanzig offiziellen Grenzübergänge überquerte und dazu noch manchen inoffiziellen, ehedem verbotenen. Die Grenze, meinte der selbsternannte Irland-Experte Ralph Giordano neulich in einem Interview, erstrecke sich „zwischen Derry und Dundee“, aber so weit wollte ich nicht strampeln, denn Dundee liegt bekanntlich in Schottland – Schnellschreiber Giordano hatte es wohl mit Dundalk verwechselt, wo sich Langsamradler Rathjen nun also eines Montagmittags Anfang Oktober auf den Drahtesel schwang. Aber erstmal ging es noch nicht gen Derry, sondern genau entgegengesetzt Richtung Osten, denn die Grenze beginnt an der Mündung des River Bann in den Carlingford Lough. Das bedeutete einen schweißtreibenden Schlenker über die Cooley-Halbinsel und über den (zu recht so genannten) Windy Gap, den der Sage zufolge die Soldaten von Königin Medb durch die Bergspitze gegraben haben sollen. Hier in der Gegend spielte sich der Rinderraub von Cooley ab, festgehalten im gewaltigen *Tain*-Epos, das leider von beiden Bürgerkriegsparteien auch schon zweckentfremdet wurde. Keine zehn Ochsen brächten mich dazu, in dieser Gegend verfängliche Gespräche auf dem Kopfkissen zu führen, denn aus einem solchen entstand das größte Blutvergießen der irischen Mythologie.

Und dann verpasse ich glatt den ersten Grenzübergang und glotze fast so perplex wie Königin Medb, als sie die Cooley-Halbinsel vergebens nach dem schwarzen Stier Donn absuchte. Daß ich die Grenze überhaupt passiert habe, merke ich nur daran, daß die Mülleimer jetzt nicht *Bruscar*, sondern *Litter* heißen. Es hilft nichts: meinen Vorsatz, jeden der von mir passierten Grenzübergänge fotografisch zu dokumentieren, muß ich aufgeben, weil es einfach nichts zu fotografieren gibt und sich oft auch gar nicht mehr feststellen läßt, an welcher Stelle genau der Grenzübertritt erfolgt. An der Hauptstraße von Newry nach Dundalk, an der ich die Grenze zum zweiten Mal überfahre (diesmal Richtung Süden), mühen sich zwar überdimensionale Hinweisschilder, den Automobilisten zu Wechselstuben, Tankstellen und diversen Rastaktivitäten zu verlocken, doch von staatsoffiziellen Grenzanlagen ist nichts zu entdecken, wenn man einmal von einem unauffälligen Flachdachschuppen abseits der Straße absieht, in dem Zollbeamte ihrem mysteriösen Tun nachgehen.

Ich verlasse die vom Schwerverkehr zugedröhnte *National Road* bei nächster Gelegenheit und bin in diesem Augenblick nicht nur in Jonesborough, sondern auch schon wieder in Nordirland. In Jonesborough gibt es Straßenverengungen und Rampen, die das Schnellfahren verhindern; freilich nicht aus Gründen der Terrorismusbekämpfung, sondern aus solchen der Verkehrsberuhigung zugunsten der Schulkinder. Tatsächlich gewöhne ich mich schnell daran, daß der Belagerungs- und Kriegszustand vorbei ist. Wenn ich *No Shooting* lese, ist das ganz einfach ein Jagdverbot; das Straßenschild *Patrol* meint keine Militärpatrouille, sondern Schülerlotsen; selbst die Explosionen, deren Zeuge ich in Forkhill und Crossmaglen werde, identifiziere ich sogleich als Knallfrösche, mit denen sich die Schuljugend vergnügt, denn der Verkauf der Halloween-Böller hat begonnen.

Forkhill und Crossmaglen sind die grenznahen Zentren des republikanischen Geistes im „Banditenland" von Süd-Armagh. Über diese Gegend ist im *VIVA-Guide Irland* (Auflage 1994) zu lesen: „Es gibt kaum einen Grund, sich hier lange aufzuhalten; außerdem sollte man sich jeder politischen Stellungnahme enthalten." Zumindest der erste Teil dieser Aussage ist Unfug. Ich wüßte viele Gründe, hier ein Weilchen zu bleiben: vor allem die saftiggrüne Hügellandschaft, aus der sich der 580 Meter hohe Slieve Gullion und ein Ring weiterer Berge (teilweise leider von Militäranlagen verunziert) erheben. Im übrigen ist in dieser Gegend das *Tí-Chullainn-*

Kulturzentrum von An Mullach Ban zu finden, das Workshops zur irischen Volksmusik durchführt.

Etwas mehr als 20 Jahre zuvor führte mich ein unzuverlässiges B&B-Schild auf Abwege, an deren Ende ich damals im Schatten des Slieve Gullion die Nacht in einem Buswartehäuschen verbrachte und am folgenden Morgen bei Forkhill an unerlaubter Stelle die Grenze passierte. Nur kurz überlege ich, ob ich dieses Wartehäuschen im Rahmen nostalgischer Anwandlungen wiedersuchen sollte: mir scheint, gerade hier in der Gegend ist schon viel zu viel in der Vergangenheit rumgekramt worden. Es ist unbedingt nötig, den Blick endlich nach vorn zu richten, in die Zukunft. Zugegebenermaßen fällt das nicht ganz leicht, wenn wie in Forkhill und Crossmaglen martialische Militärbefestigungen das Ortsbild bestimmen. Es sieht von außen aus, als stünden diese Anlagen heute leer; freilich müßten sie erst verschwinden, bevor sich die hier gerissenen Wunden irgendwann ganz schließen können. Als unbeteiligter Durchreisender gewinnt man immerhin den Eindruck, daß das in naher Zukunft passieren könnte.

Zwischen Forkhill und Crossmaglen bin ich für zwei, drei Kilometer kurz wieder in der Republik, doch der Grenzübertritt wird mir von Mal zu Mal irrelevanter. Ich ertappe mich zunehmend dabei, daß ich gar nicht mehr weiß, auf welcher Seite der Grenze ich mich gerade befinde. Am ehesten festzustellen ist das noch anhand der flatternden Wimpel: wo die Trikolore der irischen Republik flattert, kann ich mir immer sicher sein, ich bin – nein, eben nicht in der Republik, sondern in Nordirland! Gelegentliche IRA-Parolen machen's natürlich noch deutlicher. Übrigens fallen diese Parolen eher harmlos aus: meist begnügt man sich damit, „Freiheit für alle Kriegsgefangenen" zu fordern oder die Entwaffung der RUC, also der unionistenfreundlichen Polizei. Haß- und Mordparolen begegnen mir gar nicht, und das ist ja schon viel nach drei Jahrzehnten Bürgerkrieg. Wenn man bedenkt, daß vor 25 Jahren selbst die harmlosen Gebrüder Furey in ihrem Lied *Crossmaglen* das Bombenwerfen gegen „the English" romantisch zu verklären suchten ...

Die wenigen Menschen, mit denen ich ins Gespräch komme, geben sich sehr einsilbig, sind jedenfalls nicht übermäßig euphorisch. Dennoch ist zu spüren, daß die Normalisierung fortschreitet. Besonders auffällig ist die rege Bautätigkeit im Grenzgebiet zwischen Armagh, Louth und Monaghan. Allenthalben entstehen neue Häuser, und selbst einem Kritiker der irischen Bungalow-Architektur kann dabei warm ums Herz werden. Ganz klar zeigt sich, daß das hier jetzt eine Region ist, in der man sich heimisch und wohl fühlen kann.

Carlingford Lough: kurz vor dem unbemerkten ersten Grenzübertritt.

Am Muckno Lough bei Castleblaney.

Leider bin ich nicht so heimisch, daß ich mich in der Straßenführung auskenne. In Crossmaglen schlage ich, ohne es zu merken, die falsche Richtung ein und fahre einen Umweg von gut 10 Kilometern. Das ist gewiß ärgerlich, aber für die zusätzlichen Strampelmühen gibt es zweierlei Lohn. Zum einen habe ich Gelegenheit, auf der vor kurzem ausgebauten Hauptstraße Dundalk-Castleblaney im mehrfachen Territoriumswechsel die Asphaltgüte zu vergleichen – mit dem verblüffenden Ergebnis, daß die südirischen Straßenabschnitte hier tendenziell die besseren sind. Und zum anderen komme ich noch zu einem unplanmäßigen Schlenker durch das heilige Patrick-Kavanagh-Land, bin gar nicht mehr weit von Inniskeen, dem Geburtsort des Dichters. „The bicycles go by in twos", so hebt Kavanaghs Gedicht „Inniskeen Road: July Evening" an. Ich hingegen strampele ganz allein meiner Wege und halte mich daher ans Ende besagten Gedichts: „A road, a mile of kingdom, I am king / Of banks and stones and every blooming thing."

Das Rathjen-Königreich umfaßt dann doch mehr als nur eine einzige Meile, denn der Weg in die irische Country-and-Western-Hochburg Castleblaney wird mir trotz des ausgesprochen schmucken Hügellandes von Monaghan sehr lang. Noch länger gestaltet sich anschließend die Unterkunftssuche, denn Castleblaney ist auf Touristen noch nicht besonders eingestellt. Nach mehreren erfolglosen Versuchen lande ich tatsächlich im Schloß selbst; das ist ein schönes, wenn auch nicht billiges Bed & Breakfast, aber einmal darf ich wohl auch *King of every blooming thing* sein.

Blaney Castle wurde 1874 von Sir Henry Thomas Hope erworben, der hier den sagenumwobenen Hope-Diamanten (den größten blauen Diamanten der Welt) verwahrte. Angeblich sollte der Diamant seinem Besitzer Unglück bringen, und tatsächlich war Hope 1916 bankrott und mußte das Schloß verkaufen. Es wurde zunächst in ein Krankenhaus umgewandelt, dann in eine Kaserne und ins Gästehaus eines Franziskanerklosters – mein Aufenthalt in diesen Gemäuern dürfte wohl ihr endgültiger Absteig sein. Immerhin ist der Ausblick über den waldumringten und inselreichen Muckno Lough mehr als ordentlich. Trotz der Grenznähe und der fehlenden touristischen Infrastruktur hat man hier ein Adventure Centre aufgebaut, dessen Betätigungsangebote vom 9-Loch-Golfplatz übers Angeln und Kanufahren bis zum Windsurfen, Wasserskilaufen und Mountainbiking reichen. Es fehlt eigentlich kaum noch was, abgesehen von den Touristenströmen, die das alles nutzen könnten. Zwar erzählt mir der Hausherr am Frühstückstisch von den 22 Anglern, die sich unlängst hier eingemietet hatten und tonnenweise Fisch aus dem See geholt haben, doch das ist eher

Hügeliges Grenzland zwischen Armagh und Monaghan.

Heiliger Quell am Straßenrand.

die Ausnahme. Nur sehr, sehr langsam gebe es Anzeigen einer Belebung des Fremdenverkehrs.

Die Grenze, so erklärt mein Gastgeber auf Anfrage, existiere gar nicht mehr; es gebe nur noch die Grenze zwischen denen, die Geld haben, und denen, die's nicht haben. „Mit der Grenze wird eine Menge Geld verdient." Auf wen er damit anspielt, sagt er mir nicht, aber es ist klar, daß er nicht nur die Ziegelsteinfirma Tyrone Brick meint, die die meisten Baustellen im Grenzgebiet beliefert.

Mein kleiner Grenzverkehr führt mich bei kühlem, dabei sonnenbeschienenem Herbstwetter gen Norden. Kurz vor dem Übergang nach Nordirland, den ich nur durch einen scharfen Blick aufs sich ändernde Pflaster als solchen erkenne, behellige ich noch einen Tankwart und Postamtsbetreiber mit meiner Standardfrage: was hat sich hier in den letzten Jahren geändert? „Die wichtigste Veränderung ist, daß es keine ‚terroristischen Aktivitäten' mehr gibt; die Angst ist verschwunden." Gibt es noch Unterschiede zwischen dem Leben südlich und dem nördlich der Grenze? „Die Mehrwertsteuer ist unterschiedlich geregelt; das führt zu Papierkram." Na, damit kann man wohl leben. Und um mir armem Pedaltreter noch was Gutes zu tun, setzt mein Gesprächspartner hinzu: „Früher bin ich auch viel Rad gefahren. An so einem schönen Morgen wie heute war mir oft so, als würden die Räder mir etwas singen!"

Fast hätte ich selber Lust, das Singen anzufangen, denn die Strecke Richtung Keady, dann zurück Richtung Monaghan ist ausgesprochen lieblich. Unterschiede zwischen Nordirland und der bald wieder erreichten Republik kann ich nicht erkennen: überall wird das Landschaftsbild bestimmt von Drumlins, unzähligen üppig bewachsenen Buckeln, zwischen denen die verkehrsarmen Straßen sich hindurchschlängeln. Das ist ideales Radfahrterrain, und als Radfahrer entdecke ich natürlich auch den heiligen Quell am Straßenrand, an dem Autofahrer ahnungslos vorbeibrausen. Allerlei frommer Zierrat ist an diesem idyllischen Ort in die Büsche gesteckt worden.

In die Republik zurückgekehrt, schwenke ich nordwärts auf eine Strecke, die meine Holiday Map als Nebenstraße angibt, die jetzt aber breit ausgebaut ist und den Lkw-Verkehr nach Armagh führt. Nicht nur der Hausbau, sondern auch der Straßenbau hat durch den Grenzabbau Auftrieb bekommen. Am River Blackwater gibt es „Border Fuels": eine Tankstelle befindet sich auf einer Brücke mitten über dem schmalen Grenzfluß. Jaja, der Sprit verbindet. Wenige Kilometer weiter bei Middletown steht dann tatsächlich noch ein Checkpoint mit Straßenrampen, Videoüberwachung und leicht einschüchterndem Ambiente, wenn auch keine Spur von Soldaten zu sehen ist und niemand kontrolliert wird. Ich beschaue mir das alles ein Weilchen, ziehe es aber vor, über eine nagelneue Grenzbrücke den Weg zurück in die Republik und vor allem auf kleinere Straßen anzutreten.

Glaslough, ein adrettes Dörfchen im Grünen, verlockt zu Reflexzonenmassage und ähnlichen Kinkerlitzchen, doch ich widerstehe derlei Verlockungen und schlage mich auf wunderschönen Nebenstrecken bis Emyvale durch, gelegen an der Hauptroute Dublin-Derry und entsprechend mit B&B-Angeboten im Überfluß versehen. Dabei ist Emyvale mit Abstand der unansehnlichste Ort, durch den ich heute gekommen bin. Aber das ist ja eben der Haken: Touristen sind hier fast immer nur Durchreisende und können deswegen bloß in jenen Orten abgefangen werden, die unter dem Fluch der Durchgangsstraßen leiden. Hübschere Dörfer in beschaulicherer Lage haben unverdientermaßen kaum Chancen auf Besucher.

Emyvale rächt sich für diese Gedanken durch einen Platten, den ich nach dem Ortsausgang erleide. Mißmutig kehre ich zurück und muß mir sagen lassen, daß es hier nicht einmal eine Fahrradwerkstatt gibt. Ein kumpeliger Autowerkstättler verpaßt meinem Schlauch einen überdimensionierten Flicken und antwortet mir als Zugabe sogar noch auf meine Standardfrage nach den Veränderungen: „Das Pfund Sterling ist im Kurs gestiegen, das ist gut für unsern Export.“ Er denkt also primär wirtschaftlich, oder anders ausgedrückt: pragmatisch. Das ist in dieser symbolüberfrachteten Region eigentlich nicht das schlechteste. Offenbar denkt der Frittenbudenbetreiber ähnlich, der einen Steinwurf vor der Grenze die vorbeibrausenden Trucker bedient und auch mir einen Burger zusammenbrutzelt. Nein, Touristen zählten eigentlich nicht zu seiner Kundschaft, versichert er mir.

Aughnacloy jenseits des Grenzflusses Blackwater wirkt im Gegensatz zu den Orten, die ich in Süd-Armagh gesehen habe, ausgesprochen britisch, vor allem durch die überbreite Hauptstraße. Dies ist eine Plantation Town mit ganz offensichtlich noch heute gemischtkonfessioneller Bevölkerung, ebenso wie Augher, wo ich den fruchtlosen Versuch mache, Ansichtskarten zu erstehen. Die gibt’s hier mangels interessierter Laufkundschaft nicht. Dafür bekomme ich (was mir sogar lieber ist) eine Einschätzung der Lage zu hören: die Hoffnung sei vorhanden, meint die Verkäuferin, daß ihre kleinen Kinder einmal in einer Welt ohne Haß und Gewalt leben würden. Daß es für die heute erwachsene Generation schwer wird, die Vergangenheit zu vergessen, ist leider auch klar: „Die Bombe von Omagh hat die Frau meines Cousins getötet, deren Familie schon vor 22 Jahren zwei Mitglieder durch eine Bombe verlor.“

Auf dem Weg nach Fivemiletown begegnen mir zum ersten Mal auf meiner Tour vereinzelte Union Jacks, und bezeichnenderweise stets an kirchlichen Gebäuden. Für die Presbyterianer scheint die religiöse Inbrunst mit der politischen immer noch eng verkoppelt zu sein. Im Vergleich dazu wirkt der befestigte Armeeposten bei Fivemiletown fast schon nüchtern, zumal von der Besatzung nichts zu bemerken ist – was freilich täuschen kann, hatte mir doch die freundliche Verkäuferin in Augher auf meinen Hinweis, im Süden Armaghs habe ich keinen einzigen Soldaten gesehen, gesteckt: „Aber wahrscheinlich haben die Sie gesehen!“ Zwischen Augher und Fivemiletown begegnen mir außerdem immer wieder Schrifttafeln, die zum Kampf aufrufen – doch keine Bange: es geht nur um den Kampf gegen die Schließung einer Krankenstation. Ich bin mir nicht ganz schlüssig, ob ich die Wortwahl als unbefangenen Umgang mit dem Begriff „Kampf“ und damit als Zeichen von Normalität gutheißen soll oder nicht.

Von Fivemiletown will ich auf einer kleinen Nebenstrecke nach Clones; ein fröhlich grüßender Passant, den ich um Bestätigung meiner Straßenwahl bitte, hat erstmal keine Ahnung, schaut dann mit auf meine Karte und nickt, da sei ich offenbar richtig – das sei aber eine sehr steile Strecke! Außerdem sei da die Grenze gesperrt (was, wie ich weiß, nicht mehr stimmt). Sein Interesse an der Entwicklung an und jenseits der Grenze ist ganz offensichtlich gering.

Aber recht hat er damit, daß die Strecke steil ist, denn sie führt mittenmang über den Carn Rock (oder Carnmore), der immerhin 315 Meter hoch ist. Schweißtreibende Pedalarbeit auf der alten Schmugglerstraße macht mir klar, daß die Holiday Map sehr untertreibt, die hier pro Richtung nur einen einzigen Winkel („Steigung: 14%“) eingezeichnet hat. Die Mühe lohnt sich freilich, denn hier oben sieht es ebenso karg und schroff aus wie in den Hochlagen der Wicklow-Berge oder Donegals. Was heißt: ich genieße die Wonnen der temporären Weltabgeschiedenheit.

Auf die rasante Abfahrt folgt ein Grenzübertritt, den ich zuerst verpasse, so unscheinbar ist er. Das hatte ich mir ganz anders vorgestellt, denn hier, bei Lackey Bridge, ist über lange Jahre ein absurdes Spiel abgelaufen. Nach der Schilderung, die der Schriftsteller Eugene McCabe in seinem Essay „Borderlands“ abgibt, hatte ich mir eine wuchtige Brücke über einen breiten Grenzfluß ausgemalt – tatsächlich gibt’s hier nur ein Rinnsal, das von einer unauffälligen 3-Meter-Brücke überspannt wird. Auf das Stop-Schild der Querstraße hat jemand „IRA“ gekrakelt: soll das nun Werbung für die IRA sein oder die Botschaft „Stop the IRA“ zum Ausdruck bringen?

Über den Carn Rock geht es Richtung Clones zum Hof von ...

... Eugene McCabe, vor dem die unsichtbare Grenze die Straße zerstückelt.

Ich bin auf der anderen Seite der Brücke mit Eugene McCabe verabredet und verrate ihm meine Eindrücke. Jaja, meint er, das sei eben immer eine aufgemotzte symbolische Angelegenheit gewesen, in der sich Leute wie Charlie Haughey groß hervorgetan hätten. Vergessen wir das politische Getöse und halten uns an den Eindruck vor Ort: man überquert einen Bach, weiter nichts. Nachdem die Brücke erneuert wurde, ist hier nichts mehr passiert, meint McCabe: der Stand, mit dem der „Borderlands"-Essay schließt, sei nach wie vor der Stand der Dinge.

Eugene McCabe hat die Grenzthematik vor allem in seiner Fermanagh-Trilogie *Christ in the Fields* aufgearbeitet, für die ein deutscher Verlag noch gesucht wird. Eugenes Namensvetter Patrick McCabe hingegen ist auch auf deutsch schon zu würdigen als jemand, der die Kleinstadt Clones literaturfähig gemacht hat. Clones (übrigens zweisilbig ausgesprochen) ist das Muster für die „eine halbe Meile von der Grenze entfernte Marktstadt", in der seine Bücher spielen. „Ich habe mich nie wirklich bedroht gefühlt", sagt Patrick McCabe. „In den 70ern explodierten auch bei uns ab und zu Bomben, aber von den wirklichen *Troubles* blieben wir verschont. In Clones war es relativ ruhig, der protestantische und der katholische Teil der Bevölkerung lebten friedlich miteinander."

„Relativ ruhig" in jeder Hinsicht erlebe auch ich Clones, ein verschlafenes Städtchen, das selbst aus seinem 23 Meter hohen Rundturm (Rest eines Klosters aus dem 6. Jahrhundert) und dem Hochkreuz auf dem irgendwie überdimensionierten Marktplatz wenig hermacht. „Are you American?" wollen ein paar Jungs wissen, die zur gegenseitigen Belustigung mit frisch geklauten Birnen um sich werfen, und sie sind nicht mal enttäuscht, daß ich nur aus Deutschland komme.

Seit dem 19. Jahrhundert ist Clones ein Zentrum der Spitzenherstellung, doch wer kauft heute noch Spitze? Vielleicht ist es eine Spitzenleistung, daß ich auf den zwei Kilometern zwischen dem Hof von Eugene McCabe und dem Stadtrand von Clones noch rasch zwei Grenzübertritte erledige, und ähnliches wiederholt sich, als ich Richtung Südwesten weiterfahre. Grenz- und Straßenverlauf sind in diesem Gebiet gar nicht aufeinander abgestimmt, und so geht es munter durcheinander: alle paar Steinwurf gelange ich aus der Republik nach Nordirland oder zurück und merke das nur, weil ich die Landkarte gut im Kopf habe. Vieleicht wäre ein permanenter Staatswechsel im Viertelstundentakt doch ein gutes Heilmittel für jene Leute, von denen Eugene McCabe mir erzählt hat: sie weigern sich aus Prinzip, auf die andere Seite zu fahren oder sich auch nur dafür zu interessieren, was dort los ist.

Über teils künstlerisch markierte, teils unmarkierte Grenzlinien ...

... geht es im Zickzack hinein in die schroffen Cuilcagh Mountains.

Aber solche Sturköpfe werden immer weniger, als ich aus Monaghan und Fermanagh nach Cavan komme. Sofort erscheinen vereinzelt B&B-Schilder an der Straße, denn nun bin ich im Gebiet der Lough Erne Lakelands, die schon lange Angler und Freizeitkapitäne anziehen. Von den Wasserwelten kriege ich vom Fahrrad aus zwar nicht viel zu sehen, doch dafür entschädigt mich die Feld-, Wald- und vor allem Wiesenszenerie, die ich durchzuckele.

In Belturbet sind die Ansichtskarten, die ich erstehe, schon arg eingestaubt; ein Mehr an Touristen kann der Ort durchaus gebrauchen, wird mir versichert. Der unlängst eröffnete Shannon-Erne-Waterway habe immerhin schon ein wenig Belebung gebracht, und mir wird aufgetragen, dafür zu sorgen, daß das weitergeht: „Schreiben Sie, daß alle Fremden hier hochwillkommen sind und wahrlich nichts auch nur entfernt Troubles-ähnliches zu befürchten haben!“ Na, den Service erledige ich doch gern!

Die Nationalstraße N3 Richtung Norden, die bis vor kurzem am Waterway endete, ist mit einer Grenzbrücke versehen, und auf breitem Asphaltband rollt der Verkehr (leider auch der stinkige Lkw-Verkehr!) gen Enniskillen. Ich mache das mit, bis ich Derrylin erreiche, ein Örtchen mit zwei Kirchen und folglich zwei Konfessionen. Im nordirischen Grenzgebiet führt das leicht zu Problemen; um so erfreulicher ist ein buntes Schild am Straßenrand: *KINDERTEE Cross-Community Playground.* Das bestätigt einen Eindruck, den ich schon anderswo bei meinen Gesprächen gewann: diejenigen, die seit Jahrzehnten mit dem Lagerdenken leben, haben naturgemäß eine gewisse Scheu im Umgang miteinander, tun aber viel dafür, daß die heutige Kindergeneration diesem Problem entkommt. Das läßt mehr hoffen als das floskelhafte Gerede der Politiker.

Inzwischen bin ich auf paradiesisch schönen, wenn auch für den Radfahrer anstrengenden Sträßchen auf dem Weg zurück in die Republik. Ich habe, ohne es zu wollen, eine ‚Abkürzung‘ nach Swanlinbar erwischt, deren Auf und Ab es mit jeder Achterbahn aufnehmen könnte. Freilich gibt es auf Rummelplätzen meines Wissens nicht die Möglichkeit, zwischendurch anzuhalten und sich zur Stärkung frische Brombeeren zu pflücken ...

Auf der anderen Seite von Swanlinbar finde ich zum Ausgleich eine geplante Abkürzungsstrecke nicht, doch das macht nichts, denn so habe ich länger Zeit, mir Luft zu holen für den schweißtreibenden Aufstieg zum Bellavally Gap, der auf knapp 400 Metern Höhe die Cuilcagh Mountains durchschneidet, ein Grenzgebirge, das seiner Schroffheit wegen wohl noch nie staatsoffiziell überwacht wurde. In einer Schlucht, die mich fast bis zur Paßhöhe begleitet, wirbelt ein Wildwasser, umstanden von vielfältigstem

Shannon Pot: kleiner Ursprung eines großen Flusses.

Zwischen Belcoo und Garrison.

Buschwerk, das den schütteren Monokulturwäldchen, die es hier oben auch gibt, spielend den Rang abläuft.

Es ist offensichtlich, daß sich nur alle Jubeljahre ein Tourist in die unbekannte Bergwelt verirrt. Um so exklusiver genieße ich die spröde Schönheit von Bergen, Moor und Bächen, vor allem bei der 20 Kilometer langen, fast ununterbrochenen Abfahrt. Die einzig nennenswerte Unterbrechung ist ein kurzer Abstecher zum „Shannon Pot", der offiziellen Quelle des mit 386 Kilometern längsten Flusses der britischen Inseln. Ein mächtiger Fluß, fürwahr; ich kann aber jetzt sagen, daß ich ihn übersprungen habe! (Daß ich bei der Landung beinahe auf einem Kuhfladen ausgerutscht und auf meinem wertgeschätzten Radlerhintern gelandet wäre, sollte aber bitte niemand weitersagen.) Der „Shannon Pot" liegt auf einer Höhe von nur 104 Metern über dem Meeresspiegel, von denen der junge Fluß auf seinen ersten paar Kilometern bis zum Lough Allen dann gleich 55 Höhenmeter einbüßt; kein Wunder also, daß er sich anschließend durch lauter Flachland ins Meer schlängeln muß.

Hätte ich tiefergehende Interessen, als sie sich der Grenzradler erlauben kann, könnte ich in der Nähe des „Shannon Pot" nach Megalithgräbern suchen oder gar in die Unterwelt absteigen. Das hier ist eine Kalksteingegend mit allerlei unterirdischen Flüssen, Tropfsteinhöhlen und Zufluchtstätten für Fledermäuse und anderes tagscheues Getier. Erschlossen sind die Marble Arch Caves auf der nordirischen Seite des Cuilcagh-Massivs, die von März bis September besichtigt werden können. Wanderer haben die Möglichkeit, alle Attraktionen der Gegend auf dem ausgeschilderten Ulster Way zu erkunden. Das Wissen darum, daß hier die Knochen prähistorischer Höhlenmenschen gefunden wurden, mag je nach Geschmack Schauder oder Entdeckerfreude heraufbeschwören.

Mir steht der nächste Grenzübertritt bevor, zwischen Blacklion auf süd- und Belcoo auf nordirischer Seite. Belcoo überragt noch einer dieser martialischen Grenzposten der britischen Armee, doch inzwischen ist er mit *Police* beschildert, und Kontrollen finden nicht mehr statt. Ich werde nun ein Weilchen dem Nordufer zweier Grenzgewässer folgen, zunächst dem hübsch umwaldeten Lough Macnean Lower, anschließend dem großen Lough Melvin, über dessen Wasserfläche hinweg mich bei Garrison ein heftiger Südwind anspringt, der mancher Meeresküste alle Ehre machen könnte. Garrison übrigens ist trotz des nicht gerade anziehenden Namens (den ein örtlicher Pfarrer schon mal erfolglos in Devinish zu ändern versuchte) inzwischen nicht mehr die „Geisterstadt", die der Grenzwanderer Colm Tóibín 1986 hier vorfand, sondern ein einladender Touristenort mit

Janusköpfige Statue auf Boa Island.

Campingplätzen, einem rührigen *Lough Melvin Holiday Centre* und Urlaubsangeboten für fast jeden Geschmack. Ähnlich vielfältige Angebote mit dem Schwerpunkt Familien- und Gruppenferien hat auch das Correlea Activity Centre bei Belcoo. Um die touristische Infrastruktur ist es also im Südwesten von Fermanagh gar nicht mal so schlecht bestellt.

Das gilt in schüchternen Ansätzen auch für Belleek, das westlichste Dorf Nordirlands. Bekannt ist das Örtchen vor allem durch die Produktion feinen milchweißen Porzellans, die bereits 1857 begann. Im Besucherzentrum von Belleek Pottery ist das alles museal zu bestaunen oder mit einem kleinen Imbiß hinunterzuschlucken.

Als Elefant im Porzellanladen möchte ich mich nicht aufführen, also werde ich vorsichtig nachfragen müssen, ob ich meine Unterkunft in Belleek mit irischen oder britischen Pfund bezahlen muß. Beim Stadtbummel habe ich nämlich festgestellt, daß diese Unterkunft ein paar Meter südlich des River Erne und somit auf einem Zipfel Donegal-Territorium steht. Immerhin scheint mein Gastgeber touristische Unsicherheiten gewohnt zu sein; er erzählt mir, daß von Jahr zu Jahr mehr Besucher herkommen, nur nicht im Juli, wenn in Nordirland die Oranier marschieren. Daß diese Umzüge weit weg und in ganz Fermanagh keinerlei Zusammenstöße zu befürchten sind, spricht sich schwer herum. Wir einigen uns gemeinsam wieder einmal auf das Prinzip Hoffnung – und bezahlen muß ich mit irischen Pfund.

Pfundig ist die Strecke, die mich am nächsten Morgen durch schöne Mischwaldbestände dicht am Ufer des Lower Lough Erne entlangrollen läßt. Ein kurzer Abstecher führt mich auf die größte irische Binneninsel: Boa Island. Auf dem Caldragh-Friedhof stehen seltsame Steinfiguren, die fast eine Art Symbol des zweigeteilten Irland abgeben könnten. Es handelt sich nämlich um Janusköpfe: zwei Gesichter sind unablösbar miteinander verbunden, schauen aber in entgegengesetzte Richtungen. Wie alt diese Doppelköpfe sind, ist bisher nicht exakt zu bestimmen. Vermutet wird, daß sie doch erst nach Einführung des Christentums gemeißelt wurden, vielleicht als heidnische Gegengötter. Auch ich kann das Rätsel um diese Götzenbilder natürlich nicht klären, kehre zur Hauptstraße zurück und mache mich auf in jenes Dorf, durch das die Grenze mitten hindurch geht: Pettigo.

Das *irland journal* berichtet bereits im Heft 4/91 über Pettigo, den Ausgangspunkt für den Pilgerzug zur Station Island im Lough Derg. Ob der Heilige Patrick, der dort 40 Tage und Nächte gefastet hat, den Teufel auch aus Pettigo endgültig vertrieb, mußte man nach Dagmar Kolatas *ij*-Bericht

Grenzlinie mitten in Pettigo, nur noch für Wissende als solche erkennbar.

Kingfisher Trail bei Pettigo.

fast bezweifeln, denn darin war die Rede von den enormen wirtschaftlichen Schwierigkeiten, unter denen der geteilte Ort zu leiden hatte. Heute macht Pettigo beinahe schon einen herausgeputzten Eindruck. Das Dorf hat sich sichtlich gemausert; am Ortsrand stehen neue Bungalows (teils mit B&B-Schildern), und auch im Ortskern ist durch neue Bürgersteige, viel Farbe und manch neues Gebäude eine Änderung zum Guten wahrzunehmen. „O ja, hier hat sich viel gewandelt“, meint euphorisch ein Passant, dem ich die Fotos von damals zeige. „Die Grenze macht keine Probleme mehr.“

Ein neues Ortsbild und die verschwundene Grenze allein bringen aber die Leute noch nicht in Brot und Arbeit. Die 1987 gegründete Selbsthilfeinitiative ADoPT beginnt gerade ein neues Beschäftigungsprogramm; Teilnehmer müssen sich auf Kunsthandwerk, touristische Dienstleistungen und „Fine Food Production“ einlassen. Das zeigt, daß alle Hoffnung sich auf den Tourismus gründet. Was muß sich jetzt noch ändern? „Das Wetter könnte besser sein“, meint mein Gesprächspartner. Da muß ich doch widersprechen, denn es könnte wohl auch schlechter sein. Gewiß, der Himmel ist düster verhängt, aber noch regnet es nicht, und auch die frische Brise von gestern hat sich zum Glück gelegt. Sonne finde ich verzichtbar, da ich noch mit dem Sonnenbrand der letzten Tage zu tun hab, und auch gegen kühle Oktobertemperaturen habe ich nichts, denn erstens ist da ja die eingebaute Binnenheizung des Radlers, und zweitens ist der assoziationsträchtige Geruch des Torffeuers jetzt um so häufiger zu schnuppern.

Ich schnuppere ihn und nicke mental den Erfindern des *Kingfisher Trail* zu, dem ich jetzt ein Stückchen folge. Das ist eine von acht vorzüglich markierten Fahrradrouten in Nordirland. Sie alle führen fast immer über ruhige „Country Lanes“. Was den *Kingfisher Trail* von den anderen Routen abhebt, ist nicht nur die Länge von 370 Kilometern (Abkürzungen möglich), sondern das ist vor allem die Tatsache, daß der Routenverlauf sich um die überflüssig gewordene Grenze nicht schert: von Fermanagh geht es nach Monaghan, Cavan, Leitrim und Donegal hinüber.

Womöglich könnte auch ich inzwischen wieder die eine oder andere Grenze passiert haben, aber wozu soll ich das noch erwähnen? Es hat keinerlei Bedeutung mehr, auch wenn die Verkehrsschilder anders aussehen: wo es im Süden *YIELD – RIGHT OF WAY* heißt, steht im Norden das auch Unionisten verständliche *GIVE WAY*. Vorfahrt haben aber auf beiden Seiten die Schafe, die zwischen Pettigo und Castlederg nicht von dem üblichen Öd- und Brachland zu mir herblöken, sondern meist von saftigen Wiesen.

Zwischenbemerkung für Sportversessene: die 18 Meilen nach Castlederg schaffe ich, da wieder mit einem tadellosen Fahrrad des Dubliner Bike Store

Vorfahrtschild (nordirisch); Begrüßungsschild (südirisch).

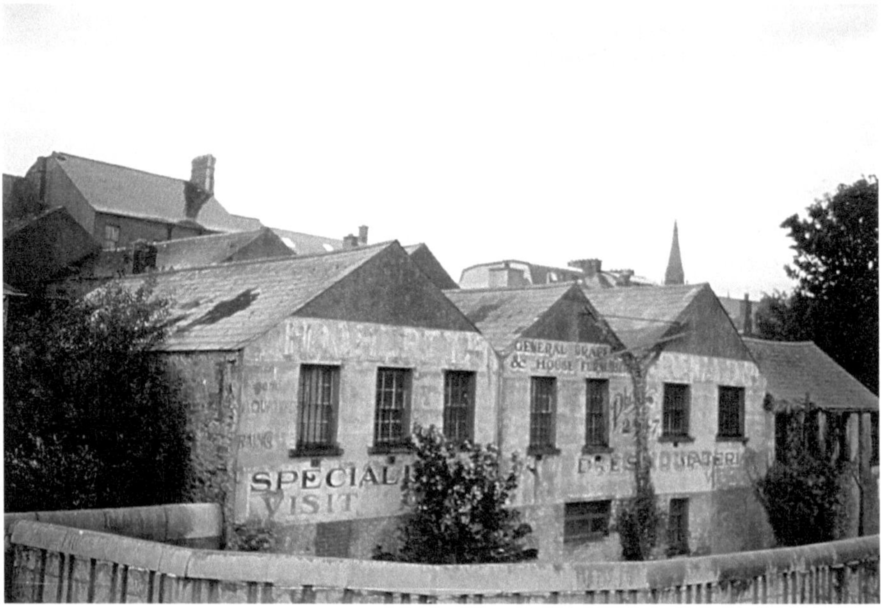

Strabane im Regen, nicht die größte aller Schönheiten.

ausgestattet, in einer glatten Stunde, ohne mich sonderlich zu verausgaben. Zum Lohn flattern mir in Castlederg mehrere Union Jacks zu. Auch die plötzlich größer werdenden Bauernhöfe umzu erlauben gewisse Rückschlüsse auf die Bevölkerungsmehrheit. Da ist es nur natürlich, daß das Städtchen mit der Wallfahrt zum namensgebenden Lough Derg nichts am Hut hat; und auch ohne Pilgerscharen herrscht im Stadtzentrum Betriebsamkeit.

Auf einer kleinen Nebenstrecke schleiche ich mich aus Castlederg davon und denke fast, ich bin in East Anglia: das Landschaftsbild wird von großzügig proportionierten Rinderweiden auf saftigen Hügeln bestimmt. Dann verdrängt aber zusehends so etwas wie Niemandslandcharakter die Sanftheit, und an der Grenze dann begrüßt mich der County Donegal mit der Mahnung, unbedingt links zu fahren. Als herrsche in Nordirland kein Linksverkehr! Außerdem stehen hier in der Einöde des Berglandes ein „Border Inn“ und die unvermeidliche Tankstelle, letztere natürlich auf südirischer Seite, denn seit dem Höhenflug des Sterling-Kurses haben sich die nordirischen Grenztankstellen von Goldgruben in Rosthaufen verwandelt.

Dem River Finn folge ich ab Castlefinn auf Donegal-, ab Clady auf Tyrone-Seite, bis ich in Strabane bin, jener Stadt, in der 1911 der unvergleichliche Schreiberling Flann O'Brien geboren wurde. Der Stolz der Stadt ist freilich älter. In Gray's Printing Press auf der Main Street (heute als Museum und Galerie eingerichtet) haben der Großvater von US-Präsident Woodrow Wilson und jener John Dunlap, der die amerikanische Unabhängigkeitserklärung druckte, die schwarze Kunst erlernt.

Schwarze Kunst hin oder her: ich finde Strabane irgendwie schmuddelig, mißbillige außerdem verkehrsüberlastete Großstädte (und Strabane hat schon den Charakter einer solchen) und suche mir auf der Donegal-Seite des River Finn ein paar geruhsame Landstraßen, die mich langsam gen Derry führen. Als ich kurz hinter Carrigans abermals nach Nordirland hineinstrample, bin ich keine zehn Kilometer mehr vom Stadtzentrum Derrys entfernt – doch das kann erstmal nicht mein Ziel sein, denn in jenen Zeiten, als noch zwischen offiziellen und verbotenen Grenzübergängen unterschieden wurde, lagen im Halbkreis um Derry herum gleich vier „Approved“-Passierstellen. Die muß ich alle abklappern, was eine raffinierte Zickzacktaktik erfordert: rin in die Republik, ein Stück abgeschnitten, raus aus der Republik und gleich wieder rin. Auf diese Weise holpere ich in unmittelbarer Nähe der nicht sonderlich hübschen Großstadt Derry reihenweise Strecken ab, deren idyllischer Charakter diese Nähe ganz und gar nicht

Seiner Funktion beraubtes Grenzgebüude in Muff.

Den Lohn der Anstrengung gibt's bei Peadar O'Donnell in Derry.

vermuten lassen; auf diese Weise fahre ich meine Kondition aber auch in Grund und Boden, denn immer wieder sind Windrichtung und Hügel gegen mich. Auf einem der Hügel thront das Sonnenfort Grianan of Aileach, ein heidnischer Tempel, der irgendwann zwischen dem 17. und dem 5. vorchristlichen Jahrhundert errichtet wurde und als besondere Landmarke schon auf der Weltkarte des Ptolemäus verzeichnet war. Über diesen Hügel allerdings quäle ich mich nicht, denn als ich vor ein paar Jahren da war, drehte man dort oben gerade Szenen eines Spielfilms und gab mir deutlich zu verstehen, daß touristisches Interesse unerwünscht sei. Aus Rache wähle ich nun den nicht minder steilen Weg über den Nachbarberg und blinzele nur heimlich hinüber.

Einen der Grenzposten bei Derry überquerte ich bei meiner ersten Irland-Tour unter kuriosen Umständen. Wohlgemerkt: das war 1978, in den schlimmsten Zeiten der *Troubles*, und auch anderswo in Westeuropa gab's damals noch scharfe Kontrollen. Um so erstaunlicher, daß der Grenzbeamte zwar Smalltalk machte, meinen Paß aber gar nicht zu sehen begehrte. Touristen und Terroristen waren offenbar wohlunterscheidbar. Es wäre eine schöne Schlußnote gewesen, jetzt diesen Grenzübergang zum Abschluß zu überfahren, doch die Logik der Landkarte erlegt mir einen anderen Abschluß auf – zum Abgewöhnen.

Das äußerste Ende der Grenze ist ein Minibächlein am Rande von Muff, einem Dorf, das aussieht wie eine einzige Baustelle und sichtlich darunter leidet, daß fast pausenlos der Durchgangsverkehr rollt und die Schlaglöcher weiter aushöhlt. Das ehemalige Grenzgebäude steht noch, doch dort, wo besagtes Kleingewässer in den Lough Foyle tröpfelt, kommt unsereins nicht hin, denn der Zugang ist durch eine Autoverwertungsfirma versperrt. Und am äußersten Zipfel des Grenzgebiets auf nordirischer Seite deponiert der Derry City Council seinen Müll.

Mir bleibt nichts weiter übrig, als einen Schlenker zum Culmore Point zu fahren und mißmutig zu den Schloten des Kraftwerks hinüberzusehen, aus denen gruselig düster und dick der Rauch aufsteigt. So schön die irischen Küsten auch sind: die Grenze beginnt und endet an Stellen, wo von dieser Schönheit nichts zu sehen ist. Das Meer ist das einzige, was mir auf meiner Grenzberadelung doch gefehlt hat.

Bei Culmore landete 1932 Amelia Earhart nach ihrem Alleinflug über den Atlantik. Für mich geht eine weniger spektakuläre, dafür um so genußfreudigere Tour zu Ende. Die letzten Kilometer nach Derry hinein seien lieber verschwiegen, denn solche Endspurte in Großstadtzentren sind immer der reinste Horror; über das, was sich in den letzten Jahren in Derry verändert hat, gäbe es ohnehin soviel zu sagen, daß ein ganzes Büchlein kaum ausreichen würde. Und es ist auch zwecklos, zur Stärkung der Fahrrad-Connection darauf hinzuweisen, daß im Jahr 1895 eine gewisse Annie Londonderry einer Wette wegen 45000 Kilometer um die Erde radelte, denn die junge Dame war Amerikanerin.

Wie sieht nun das Fazit meiner Tour aus? Ich bin mit dem Versuch der Grenzerfahrung eigentlich gescheitert, denn oft genug habe ich die Grenze gar nicht gefunden. Die irische Grenze ist heute nicht mal mehr eine offene Grenze, sie ist eine inexistente Grenze. Auch der Unterschied zwischen „offiziellen" und „verbotenen" Übergängen ist hinfällig. Die Straßen, die auf handelsüblichen Landkarten noch als „unapproved" gekennzeichnet sind, sind frei, oft auch gut ausgebaut und ausgeschildert. Auf der einen Seite der Grenzlinie sind die Telefonzellen und Postkästen grün, auf der anderen rot – das ist alles.

Wenn ich alles zusammenrechne, habe ich das, was auf den Karten noch als Grenze eingezeichnet ist, in vier Tagen genau 35mal überfahren. Nie war ich weiter als acht Kilometer Luftlinie von ihr entfernt, während ich meine rund 500 Kilometer (davon gut die Hälfte in Nordirland) zurücklegte. Dabei ist mir kein einziger Grenzbeamter, Militär oder Zöllner zu Gesicht gekommen – und auch kein IRA-Aktivist oder unionistischer Paramilitär. Was ich stattdessen gesehen haben, das sind ideale Radfahrlandschaften (vor allem in Armagh, Monaghan und Fermanagh), einsame Bergregionen (auf der Cooley-Halbinsel, am Carn Rock und in den Cuilcagh Mountains), mal mehr und mal weniger hübsche Ortschaften – und viele freundliche Menschen, die sich freuen, daß die Grenze weg ist. Keine Grenzerfahrung also, sondern eine grenzenlose Erfahrung der Hoffnung, vor allem für die Altersgenossen des 7jährigen Toto McCabe, der so freundlich war, mich als „a young man" zu bezeichnen. Es war einmal.

Was tickt denn da?

Von Dichtung, Fahrrädern und seltsamen Fragen

Anfang Oktober 1999, im Grenzgebiet der Counties Tyrone (Nordirland), Fermanagh (dito) und Monaghan (Republik Irland): während ich mit meinem geliehenen Stahlroß mehrmals eine ausgeschilderte Radwanderroute kreuze, die nach dem Erzähler William Carleton benannt ist, frage ich mich, ob man diese Namenswahl eigentlich als anachronistisch bezeichnen müßte. Streng genommen aber wohl doch nicht: Carleton selbst könnte theoretisch nämlich schon Fahrräder gekannt haben, denn 1869, in seinem Sterbejahr, ist der Siegeszug des neuen Gefährts bereits in vollem Gange, und es wird im späteren Hamburger Stadtteil Altona sogar der erste Fahrradverein der Welt gegründet, der „Eimsbütteler Velocipeden Reitclub“. Anachronistisch oder nicht: sind das seltsame Fragen, die mir da durch den Kopf gehen?

Angesichts der Benennung von Radwegen nach Schriftstellern darf ich jedenfalls die Literatur, die fester Teil beider Irländer ist, beim Radfahren gewiß in besagtem Kopf haben, und zudem harmoniert der Rhythmus des Pedaltritts ganz vorzüglich mit dem Versmaß von Gedichten der elegischeren Art. Während ich zwischen Aughnacloy und Fivemiletown an den flatternden Union Jacks der Unionisten vorbeistrampele, halten mich Verse des einzigen Katholiken unter den vier irischen Literaturnobelpreisträgern auf Trab – Verse von Seamus Heaney. Sein Gedicht „Besuch eines Schutzmanns“ beginnt:

> Sein Fahrrad lehnte am Fenstersims,
> Der Gummilatz des Schmutzfängers
> Schürzte das vordere Schutzblech

– man sieht und hört, daß Heaney sich auf seine Materie versteht und die Details der schönen Maschine, die das Fahrrad ist, kennt. Einige Rätsel gibt mir nur der Schluß des Gedichts noch auf: „Und das Fahrrad tickte, tickte, tickte.“ Was ist das für ein Ticken? Man merkt, die seltsamen Fragen lassen mich nicht los. Gewiß, wer schon einmal ein klassisches Dreigangrad im Freilauf hat sausen lassen, der kennt auch das Tickgeräusch – aber kann das hier gemeint sein? Ich weiß es nicht, lasse aber das Ticken wie mechanisch in meinen Tretrhythmus übergehen.

Von Fivemiletown fahre ich auf einer kleinen Nebenstrecke nach Clones gleich hinter der Staatsgrenze. Hier bin ich wiederum in literarischen

Gefilden, denn einer der Stars der neueren irischen Romankunst, Patrick McCabe, hat diese von den Zeitläuften fast vergessene Kleinstadt literaturfähig gemacht hat. Clones (übrigens zweisilbig ausgesprochen, als würde es hinten mit -ess geschrieben wie Stewardess) ist das Muster für die von Patrick McCabe in dem Roman *Stadt an der Grenze* beschriebene „wirre Zusammenballung windgepeitschter grauer Gebäude, die von einer schlammigen Hauptstraße zweigeteilt wurde“, bis vorübergehend so etwas wie ein wirtschaftlicher Aufschwung einsetzt und „die Ticktack-Tage von Carn, der eine halbe Meile von der Grenze entfernten Marktstadt“, einsetzen. Unter wechselnden Namen wie Carn oder Tyreelin ist Clones Schauplatz aller Bücher von Patrick McCabe. „Ich habe mich nie wirklich bedroht gefühlt“, sagt Patrick McCabe. „In den Siebzigern explodierten auch bei uns ab und zu Bomben, aber von den wirklichen ‚Troubles‘ blieben wir verschont. In Clones war es relativ ruhig, der protestantische und der katholische Teil der Bevölkerung lebten friedlich miteinander.“ So hat sich Patrick McCabe an der Grenzscheide zwischen irischer Republik und britischer Provinz eine „unabhängige Republik des Geistes“ schaffen können, in der er seine Texte ansiedelt, nach eigenem Eingeständnis ein Zwischending „zwischen Clones und der Hölle“.

„Relativ ruhig“ in jeder Hinsicht erlebe auch ich Clones, ein verschlafenes Städtchen, das selbst aus seinem 23 Meter hohen Rundturmstumpf und dem Hochkreuz auf dem irgendwie überdimensionierten Marktplatz wenig hermacht. „Are you American?“ wollen ein paar Jungs wissen, die zur sportlichen gegenseitigen Belustigung mit frisch geklauten Birnen um sich werfen, und sie sind nicht mal enttäuscht, daß ich nur aus Deutschland komme. Seit dem neunzehnten Jahrhundert ist Clones ein Zentrum der Spitzenherstellung, doch wer kauft heute noch Spitze?

Mich interessiert eigentlich etwas anderes: warum spricht Patrick McCabe in Bezug auf Clones von „Ticktack-Tagen“? Offensichtlich meint er Boomtown-Zeiten, aber ich wähne mich natürlich der Lösung des Rätsels von Seamus Heaneys tickendem Fahrrad näher. Das Ticken ist verstreichende Zeit, entweder ein Warten oder ein Pulsieren – richtig?

Wirklich nahe komme ich der Lösung erst, als ich in dem Erzählungsband *Christ in the Fields* von Patricks Namensvetter Eugene McCabe (wohnhaft außerhalb von Clones, von der Grenze regelrecht umzingelt) die Geschichte „Victims“ lese. Eine der Figuren darin sammelt Uhren, die er repariert und wartet; natürlich tickt es bei ihm daheim überall. Aber dieser Uhrentüftler ist gleichzeitig Bombenbauer für die IRA. Offenbar hat die friedlich gestimmte Grenze mich schon so sehr eingelullt, daß mir das nicht gleich eingefallen ist – was tickt, ist eine Zeitbombe. Was tickt also in Heaneys Gedicht für eine Bombe? Und was tickt heute in Nordirland – ist es die Zeit, die für den Frieden läuft, oder ist es immer noch der Zünder an einem Pulverfaß? Endgültig ist diese (eigentlich gar nicht seltsame) Frage wohl auch heute noch nicht beantwortet, und es bleibt nur, ernsthaft darauf zu hoffen, daß am lautesten heute die Uhr der friedlichen Zeiten tickt und hier niemand mehr mit gefährlicheren Dingen werfen wird als mit harmlosen Birnen.

Apropos Birne: wenn nun mancher Leser und manche Leserin meint, auch in der Birne des radelnden Grenzbefahrers würde es nicht mehr ganz richtig ticken – dann, ja dann ist das wohl so. Seltsam.

Dädalus auf dem Fahrrad

Korrektur einer James-Joyce-Legende

Stichwort „Joyce, James“: wie stellen ihn die Lexika vor? Die meisten Nachschlagewerke beginnen ihren Eintrag mit dem Hinweis „irischer Schriftsteller“; das *dtv-Lexikon* hingegen formuliert etwas weniger eindeutig: „englischer Schriftsteller irischer Abkunft“. Welche Bezeichnung ist nun die korrektere? Das *dtv-Lexikon* hat formal recht, weil Joyce tatsächlich nie Bürger des Staates Irland war: als dieser Staat 1922 gegründet wurde, lebte Joyce schon seit fast zwei Jahrzehnten auf dem europäischen Kontinent, er hat Irland als eigenen Staat nie wiedergesehen und zeit seines Lebens einen britischen Paß besessen. Dennoch weist die Auskunft „englischer Schriftsteller irischer Abkunft“ wohl eher in die Irre, denn mit England hatte Joyce doch nie etwas zu tun, und in seinen Schriften geht es immer nur um Irland, seine Heimat in mehrerlei Sinne, auch wenn diese Heimat zu Joycens Zeiten noch kein eigener Staat war.

Seine Heimat also war Irland? Vielleicht sollten wir doch etwas genauer formulieren und sagen, die Heimat von James Joyce und der Stoff seiner Bücher war Dublin; im Grunde war er kein irischer, sondern nichts anderes als ein rein Dubliner Schriftsteller. Keines seiner Bücher spielt außerhalb Dublins, und Joyce selbst hat vom Irland außerhalb des Dubliner Dunstkreises nicht viel gesehen. Zwar brachte er drei Jahre auf der Internatsschule Clongowes Wood in der Grafschaft Kildare zu, war damit aber auch nur 35 Kilometer von Dublin entfernt, und vom weiteren Irland sah er in seiner Jugend nur zweimal etwas: als Zwölfjähriger war er mit seinem überschuldeten Vater, der Grundbesitz verkaufte, eine knappe Woche in Cork, und als Achtzehnjähriger verbrachte er die Sommerferien mit Vater und Bruder in Mullingar. Als James Joyce 1904 Irland den Rücken kehrte, nahm er dennoch etwas aus dem irischen Westen mit, nämlich seine Lebensgefährtin Nora Barnacle. Sie stammte aus Galway, dem Tor nach Connemara, und sie wurde für Joyce so etwas wie der Schlüssel zum ‚eigentlichen‘ Irland, das er aus eigener Anschauung gar nicht kannte. Tatsächlich mußte Joyce erst ins Ausland gehen, um überhaupt Interesse am irischen Westen zu entwickeln. In Triest begann er, Nora ihre Lieder und Geschichten abzulauschen; in Triest auch verdiente er sich manch mageres Honorar damit, daß er für den *Piccolo della Sera* Artikel über die „irische Frage“ schrieb, die allerdings keineswegs so fachmännisch waren, wie sie klingen sollten.

Die Chancen stehen gut, daß unter den Lesern und Leserinnen dieses Buches diejenigen in der Mehrheit sind, die Irland sehr viel besser kennen, als Joyce es kannte. Manche wissen vielleicht auch, daß es in Irland sogar eine idyllische Gegend namens „Joyce Country“ gibt; so heißt traditionell der nordöstliche Teil von Connemara, einer Landschaft im äußersten Westen Irlands, westlich von Nora Barnacles Heimatstadt Galway. Im Herzen dieser Gegend liegt das Maam Valley, durch das sich der Joyce River und die Straße von Maam Cross nach Leenane schlängeln. Das Joyce Country wird im Südwesten von den Maumturk Mountains, im Norden von den Partry Mountains und im Osten von einer schmalen Landzunge zwischen den großen Seen Lough Corrib und Lough Mask begrenzt. Reiseführer und Bildbände pflegen diesem ausgesprochen lieblichen Bezirk nur wenige Sätze zu widmen; nicht selten gehört dazu auch der absurde Hinweis, das Joyce Country sei „durch den Schriftsteller James Joyce berühmt geworden“[1]. Nichts freilich könnte der Wahrheit ferner stehen.

Nur zweimal, in den Jahren 1909 und 1912, machte Joyce den ernsthaften Versuch, seine fehlenden Erfahrungen mit dem irischen Westen nachzuholen. Die längste der Reisen findet im Sommer 1912 statt; ab Mitte Juli sind Joyce und Nora mit ihren beiden Kindern für vier Wochen im irischen Westen vereint. Es ist ein Ferienaufenthalt, doch wenn es regnet, arbeitet Joyce, und heraus kommen zwei Artikel, die Joyce sogleich nach Triest expediert und im *Piccolo della Sera* abdrucken läßt. Beide Texte sind weitgehend auf die dortige Leserschaft zugeschnitten. Was Joyce in seinem ersten Artikel „Die Stadt der Stämme: Italienische Reminiszenzen in einer irischen Hafenstadt“[2] besonders unterstreicht, das sind die historischen Verbindungen Galways nach Südeuropa, in diesem Fall nach Spanien. Der zweite Artikel trägt den etwas pompösen Titel „Die Fata Morgana des Fischers von Aran: Englands Sicherheitsventil für den Kriegsfall“[3]; Joyce und Nora waren auf die Inseln in der Bucht von Galway hinausgefahren, über die John Millington Synge etliche Jahre zuvor so kenntnisreich geschrieben hatte, und Joyce versucht mit mäßigem Erfolg, ähnlich kenntnisreich zu tun.

---

1 Anon., *Irland* (Bindlach: Gondrom 1987), S. 54.

2 Vgl. James Joyce, „Die Stadt der Stämme: Italienische Reminiszenzen in einer irischen Hafenstadt“, in ders., *Irland auf der Anklagebank. Reportagen aus der irischen Wirklichkeit*, hg. u. üb. v. Friedhelm Rathjen (Südwesthörn: Edition ReJoyce 2013), S. 57-69.

3 Vgl. James Joyce, „Die Fata Morgana des Fischers von Aran: Englands Sicherheitsventil für den Kriegsfall“, ebd., S. 71-81.

Aber nicht nur Galway und die Aran-Inseln lernt Joyce bei seinem Aufenthalt 1912 kennen, sondern auch das ländliche Connemara. Mit dem Fahrrad fährt er eines Tages zum Friedhof von Oughterard, den er schon zuvor in seine Erzählung „Die Toten“ eingebaut hat, ohne ihn freilich zu dem Zeitpunkt selbst zu kennen. Heute beginnt das eigentliche, das verschlafene Connemara mit seinen weiten Mooren und den einsamen Bergen erst jenseits des touristisch ausgesprochen überentwickelten Oughterard – aber auch diesen Landstrich hat Joyce sich angeschaut, und zwar nicht nur der Erholung halber. Gleich am Tag nach seiner Radtour bis Oughterard fährt Joyce in den äußersten Westen Connemaras, wie er seinem Bruder schreibt: „Ich war am Montag in Clifden, um Marconi zu interviewen oder Station zu besichtigen. Aus beidem wurde nichts, und ich warte auf Antwort vom Marconi House, London.“[4] Eine Woche später, kurz vor seiner Abreise, erwähnt er das Vorhaben noch einmal: „Ich könnte einen weiteren Artikel über die Marconi-Station schreiben.“[5]

Der Gegenstand der Joyceschen Neugierde ist die 1907 installierte Telegraphenstation des Funkpioniers Guglielmo Marconi. Aufgrund seiner geographischen Lage weit im Westen war ein Moorgebiet bei Clifden als Standort ausgewählt worden, von dem die ersten drahtlosen Transatlantikmeldungen nach Cape Breton in Kanada gefunkt wurden; das verschlafene Clifden gilt als ‚Hauptstadt Connemaras‘, ist allerdings auch heute noch mit seinen 1300 Einwohnern von Ruhe und Beschaulichkeit geprägt. Die Funkstation umfaßte ein Halbdutzend Betriebs- und neun Wohnhäuser; eine eigens eingerichtete Schmalspurbahn brachte die nötigen Materialien von Clifden herüber. Da für die Energieversorgung auf den üppig vorhandenen Brennstoff Torf zurückgegriffen wurde, fanden bis zu 300 Männer als ständige oder saisonale Torfstecher Arbeit bei der Station, was für die wirtschaftlich schwache Gegend ungemein hilfreich war. Heute sind von der Station nur noch Ruinen vorhanden, da das vermeintliche englische Teufelswerk 1922 von Mitgliedern der IRA in Brand gesteckt wurde – sehr zum Leidwesen derer, die dadurch ihre Arbeit verloren und emigrieren mußten.

Für Joyce wäre die Funkstation ein schönes Thema gewesen, um darüber einen weiteren Artikel für seine Zeitung in Triest schreiben und ein bißchen Kleingeld verdienen zu können, denn über die Person Marconis (der 1909 immerhin einen Nobelpreis erhalten hatte) hätte Joyce schön einen Zusam-

---

4 James Joyce, *Briefe I*, hg. v. Richard Ellmann, üb. v. Kurt Heinrich Hansen (Frankfurt a.M.: Suhrkamp 1969), S. 511.

5 Ebd., S. 515.

menhang zwischen den abgelegensten Gegenden Irlands und Italien herausarbeiten können, und solche Lokalbezüge sind immer nützlich, um einer Provinzzeitung einen Artikel verkaufen zu können. Wer auf der Suche nach Joyce-Spuren einmal Triest durchkämmt, kann den Zusammenhang sogar mit dem Stadtplan in der Hand nachvollziehen: eine Joyce-Büste findet man im Stadtpark, und eine der beiden Straßen, die diesen Park begrenzen, ist sinnigerweise die Via Guglielmo Marconi.

Aber Joyce gelang es damals 1912 nicht, Marconi zu interviewen; ob er die Marconi-Station im Derrigimlagh-Moor fünf Kilometer südlich des Ortes womöglich gar nicht gefunden hat, bleibt der Spekulation überlassen. Zu einem Artikel darüber im *Piccolo della Sera* kam es leider nicht. Dafür wurde die Episode aber auf kryptische Weise im Joyceschen Spätwerk *Finnegans Wake* verewigt, wo wir einige Anspielungen auf den „mightif beam maircanny", den mächtigen Marconi-Mastbaum, finden: „as softly as the loftly marconimasts from Clifden sough open tireless secrets [...] to Nova Scotia's listing sisterwands. Tubetube!"[6]

Wenn wir schon nicht genau zu klären vermögen, warum Joyce keinen Zeitungsartikel über Marconi schrieb, so möchte ich jetzt in einem kleinen Exkurs doch wenigstens herauszufinden versuchen, wie Joyce damals im Jahr 1912 von Galway nach Clifden und zurück gekommen ist – und damit möchte ich dann auf das Thema dieses Beitrags kommen: Ein Porträt des Künstlers als Radtourist. In der Tat behaupten fast alle Joyce-Biographen explizit oder implizit, Joyce sei wie schon nach Oughterard auch nach Clifden mit dem Fahrrad gefahren; das allerdings halte ich für ausgeschlossen: die einfache Distanz Galway – Clifden beträgt 80 Kilometer, und Joyce war nicht gerade eine Sportskanone, auch wenn der Aufenthalt im irischen Westen der Gesundheit des damals Dreißigjährigen offenbar gut getan hat. Ich darf aus meiner eigenen reichlich vorhandenen irischen Radfahrerfahrung verraten, daß eine Tagesleistung von 160 Kilometern für einen nichtprofessionellen Pedaltreter in halbwegs ordentlicher Verfassung selbst heute noch eine mächtige Herausforderung wäre, und zu Joycens Zeiten waren die Straßen in Connemara keineswegs asphaltiert. 160 Kilometer könnte ein Lance Armstrong in vier Stunden absolvieren, wenn ihm kein irischer Gegenwind dazwischenkommt, doch ein Amateur dürfte doppelt so lange brauchen, also acht Stunden – zuzüglich der Zeit für Pausen, Stärkung in fester und flüssiger Form und ähnliches mehr. Dies wäre vielleicht

---

6 James Joyce, *Finnegans Wake*, in englischer Sprache (Frankfurt a.M.: Suhrkamp 1987), S. 407.

Samuel Beckett zuzutrauen gewesen, der in jungen Jahren ein begeisterter Radfahrer war, aber dem späteren Beckett-Mentor James Joyce möchte ich doch rundheraus die Fähigkeit absprechen, zu irgendeinem Zeitpunkt seines Lebens dazu in der Lage gewesen zu sein – aber selbst *wenn* er an jenem Augusttag des Jahres 1912 acht Stunden lang durch Connemara geradelt wäre, so wäre wohl gar keine Zeit mehr für sein Vorhaben geblieben, sich um die Marconi-Station zu kümmern.

Dennoch behaupten seltsamerweise fast alle Joyce-Biographen, er sei mit dem Rad nach Clifden gefahren. Der erste, der etwas von den Joyceschen Radfahr-Exerzitien schreibt, ist Herbert Gorman, der in seiner Biographie *James Joyce* von 1939 die Freuden des Sommers 1912 folgendermaßen zusammenfaßt:

> Joyce genoß das Leben in Galway sehr. Er ruderte, radelte und fuhr [...] im Lande umher, freute sich an dem zarten Grün der Felder und an der Schlichtheit der Bevölkerung. In Oughterard besuchte er den kleinen Friedhof, den er in seiner Erzählung „Die Toten" beschrieben hatte, und entdeckte dort einen Grabstein, in den der Name „J. Joyce" eingemeißelt war. [...] Das einzige, was er damals schrieb, waren zwei Artikel über die Aran-Inseln für den *Piccolo della Sera*. Aus dem Gedanken, Marconi für die Triester Zeitung zu interviewen, wurde nichts, da es unmöglich war, mit dem großen italienischen Erfinder in unmittelbaren Kontakt zu kommen.[7]

Das mit den „zwei Artikeln über die Aran-Inseln" stimmt schon einmal nicht, denn darüber schrieb Joyce nur einen einzigen Text, und so ist der zitierte Passus aus Gormans Buch ein kleines Beispiel dafür, wie schnell sich in biographische Darstellungen Ungenauigkeiten einschleichen. Wie man sieht, erwähnt Gorman zwar pauschal die Joyceschen Ruder- und Radfahraktivitäten, behauptet aber nicht, zu wissen, wie Joyce denn nun nach Clifden gekommen ist. Die Erwähnung der Anekdote um den Grabstein mit der Aufschrift „J. Joyce" deutet im übrigen darauf hin, daß Gorman, als er sein Buch schrieb, schon Zugang zur Korrespondenz der beiden Joyce-Brüder hatte. Die Grabsteinanekdote und auch alle in der Sekundärliteratur später zu findenden Hinweise zur Radfahrerei von Joyce basieren ganz offensichtlich auf jenem Brief, den Joyce am 7. August 1912

---

[7] Herbert Gorman, *James Joyce. Sein Leben und sein Werk*, mit einem Nachtrag von Carola Giedion-Welcker, üb. v. Hans Hennecke (Hamburg: Claassen 1957), S. 229 f.

an seinen Bruder schrieb. Darin heißt es zunächst (wie ich bereits zitierte): „Ich war am Montag in Clifden, um Marconi zu interviewen oder Station zu besichtigen." Etliche Zeilen weiter unten schreibt Joyce dann: „Am Sonntag bin ich mit dem Rad nach Oughterard gefahren"[8]. Joyce erwähnt also beide Ausflüge gesondert voneinander, gibt aber nur für den ersten das Transportmittel an, eben das Fahrrad.

Soweit ist die Sache eigentlich recht klar, doch sie beginnt sich zu verwirren, als Richard Ellmann 1959 seine vielgerühmte Joyce-Biographie vorlegt. Marconi und der Ausflug nach Clifden werden darin überhaupt nicht erwähnt, doch die Informationen aus dem besagten Brief von Joyce an Bruder Stanislaus faßt Ellmann folgendermaßen zusammen:

> Joyce wandte sich den ländlichen Sportarten zu, er ruderte und fuhr an einem Sonntag vierzig Meilen auf dem Fahrrad. Die Schmerzen in seiner Seite belästigten ihn nicht. Er besuchte mit Nora die Galway-Pferderennen und stattete, etwas weniger großartig, mit dem Fahrrad dem Friedhof von Oughterard einen Besuch ab, [siebzehn Meilen entfernt] [...].[9]

Ellmann tut hier so, als habe es mindestens zwei Fahrradausflüge gegeben, einen an einem Sonntag über die Distanz von vierzig Meilen und einen zweiten zum siebzehn Meilen entfernten Oughterard. Das stimmt so nicht, wie Ellmanns Quelle, nämlich der zitierte Brief an Stanislaus, bezeugt; Ellmann begeht einen kleinen, aber dubiosen Doppelfehler: erstens übertreibt er die gefahrene Distanz nach Oughterard (zweimal siebzehn ergibt nach Adam Riese ja nicht ganz vierzig Meilen); und zweitens macht er aus der einen Tour zwei. Ellmann hat entweder beim Lesen oder beim Schreiben geschlampt (oder vielleicht auch bei beidem), und diese Schlamperei

---

8 Joyce, *Briefe I*, a.a.O., S. 512.

9 Richard Ellmann, *James Joyce*, revidierte und ergänzte Ausgabe (Frankfurt a.M.: Suhrkamp 1994), S. 487. – Die hier in eckigen Klammern ergänzte Entfernungsangabe findet sich nicht in der Erstausgabe (1959) der Ellmannschen Joyce-Biographie, sondern erst in der Neufassung von 1982; offenbar wurde Ellmann von dem Wirrwarr seiner eigenen früheren Angaben zu der Ergänzung verleitet, die die Sache nur noch schlimmer macht. In der ersten deutschen Fassung der Ellmannschen Biographie (1961) fehlen die „siebzehn Meilen" – aber auch in der von mir zitierten ergänzten Ausgabe von 1994, die vorgibt, die Nachträge der 1982er Ausgabe einzuarbeiten, sind sie nicht enthalten, was vermutlich weniger von der Vernunft der Bearbeiter als vielmehr von ihrer mangelnden Aufmerksamkeit herrührt.

hat Folgen. Daniel von Recklinghausen veröffentlicht 1968 das Bändchen *James Joyce – Chronik von Leben und Werk*, das sich vor allem an Ellmann orientiert und für Juli und August 1912 u.a. vermerkt: „Joyce und Nora machen eine kurze Reise auf die Aran-Inseln [...] und Fahrradausflüge nach Clifden sowie zum Friedhof von Oughterard, wo eine Jugendliebe Noras begraben liegt.“[10] An dieser Mitteilung stimmt nun fast gar nichts mehr: erstens liegt in Oughterard nicht die reale Jugendliebe Noras begraben, sondern Grettas fiktive Jugendliebe aus der Joyce-Erzählung, zweitens ist Nora nach allem, was wir wissen, bei den Joyceschen Radfahrereien keineswegs mitgekommen – und drittens ist es eben reine Erfindung, daß Joyce auch nach Clifden geradelt sein soll.

Aber was einmal gedruckt in der Welt ist, läßt sich bekanntlich schwer wieder aus dieser Welt schaffen. Wie Daniel von Recklinghausen fällt auch Brenda Maddox auf die konfusen Angaben Ellmanns herein, wenn auch mit weniger gravierenden Folgen; sie schreibt in ihrer Biographie *Nora*: „Allein fuhr Joyce vierzehn Meilen mit dem Fahrrad nach Oughterard und besuchte den Friedhof von ‚Die Toten‘.“[11] Der Clifden-Ausflug wird von Maddox nicht erwähnt, insofern kann sie da auch nichts Falsches berichten, aber ihre Distanzangabe für die Strecke nach Oughterard scheint eine algebraisch unsinnige Mischung aus den von Ellmann genannten Angaben zu sein: aus „vierzig“ und „siebzehn“ wird „vierzehn“!

Den nächsten Schritt auf dem Weg von den Fakten zur Fiktion geht der irische Joyce-Biograph Peter Costello, der die ganze Geschichte in *James Joyce: The Years of Growth 1882-1915* folgendermaßen erzählt:

> Joyce kam in der frischen Luft des Westens zusehends zu Kräften; er ruderte einige Tage auf dem Corrib River. Die Schmerzen, über die er in Triest geklagt hatte, fanden keinerlei Erwähnung mehr. [...] Joyce radelte 100 Meilen durch das Joyce Country zur Westküste und interviewte dort die Italiener, die die transatlantische Marconi-Funkstation in Clifden betrieben [...]. Am Sonntag, dem 4. August, machte er sich mit dem Fahrrad auf, um den Friedhof von Oughterard zu besuchen [...].[12]

---

10 Daniel von Recklinghausen, *James Joyce – Chronik von Leben und Werk* (Frankfurt a.M.: Suhrkamp 1968), S. 48.

11 Brenda Maddox, *Nora. Das Leben der Nora Joyce*, üb. v. Karin Kersten (Köln: Kiepenheuer & Witsch 1990), S. 212.

12 Übersetzt nach Peter Costello, *James Joyce: The Years of Growth 1882-1915* (London: Kyle Cathie 1992), S. 297 f.

Costello ist anscheinend der erste, der das genaue Datum des Sonntagsausflugs von Joyce und auch die Distanz zwischen Galway und Clifden ermittelt hat, doch das nährt bei ihm leider nicht den eigentlich auf der Hand liegenden Verdacht, daß an der Mär, Joyce sei bis nach Clifden geradelt, etwas nicht stimmen kann. Erstaunlich ist das um so mehr, als Costello sich alle erdenkliche Mühe gab, eine Art Anti-Ellmann-Biographie zu schreiben. Und selbst der Autor der jüngsten Joyce-Biographie, nämlich der in Triest lebende Ire John McCourt, fällt wiederum auf das Informationswirrwarr bei Ellmann herein und faßt die Episode in dem Satz zusammen: „Unterdes war [Joyce] ein richtiggehendes Energiebündel und schaffte es, mit dem Fahrrad nach Clifden und Oughterard zu fahren“ [13].

Nein, nein, und nochmals nein: ich muß auch John McCourt widersprechen und behaupte rundheraus, Joyce hätte es *nie* geschafft, mit dem Fahrrad nach Oughterard zu fahren. Er hatte das auch gar nicht nötig, denn auch an jenem hoffentlich schönen Augustmontag des Jahres 1912 konnte er ganz gewiß wieder seinen wohlerprobten Visitenkartentrick zur Erschleichung von Eisenbahnfahrkarten anwenden, falls er sich nicht auf andere Weise Fahrgeld zusammenschnorrte. Heute sind zwar praktisch gar keine Spuren mehr davon vorhanden, doch zu Joycens Zeiten existierte eine sehr effiziente Bahnverbindung von Galway nach Clifden. Diese Strecke wurde 1895 eröffnet und transportierte unzählige Waggonladungen mit frühen Touristen, den Bewohnern der Dörfer im Westen und auch mit Vieh durch Connemara, bis sie schließlich 1935 wieder geschlossen wurde, als das große Bahnsterben in Irland begann. Die Streckenführung verlief über Moycullen, Ross, Oughterard (Joyce hätte also sogar ganz ohne Fahrrad auskommen können), Maam Cross Roads, Recess und die kleine Station Ballynahinch. 1912 fuhren täglich je Richtung zwei Züge; der erste verließ Galway um 9 am Morgen, der zweite um 2 Uhr nachmittags; die Züge hielten an allen Stationen und brauchten für die Strecke etwa 80 Minuten.

Wenn wir das Für und Wider gründlich erwägen, vor allem die zurückzulegende Distanz, Joycens eher unsportliche körperliche Verfassung und die begrenzten zeitlichen Möglichkeiten eines einzigen Tages, so gibt es eigentlich keinen vernünftigen Zweifel mehr daran, daß Joyce statt des Fahrrads ganz gewiß den Zug genommen haben wird. Falls Sie mir allerdings immer noch nicht glauben, kann ich aber auch noch eine Art Kronzeugen präsentieren. Nachdem ich jahrelang glaubte, ich allein hege

---

13 Übersetzt nach John McCourt, *The Years of Bloom: James Joyce in Trieste 1904-1920* (Dublin: The Lilliput Press 2000), S. 184.

Zweifel an der Fahrradgeschichte, entdeckte ich unlängst in dem in Galway gedruckten und auch unter Joyceanern wenig bekannten Büchlein *Nora Barnacle Joyce: A Portrait* eines gewissen Padraic O Laoi die folgende Darstellung der Clifden-Episode:

> Eines Tages fuhr Joyce mit dem Zug nach Clifden mit dem Ziel, dort den großen Marconi zu interviewen und einen Artikel über ihn und seine Funkstation für die italienische Presse zu schreiben. Er hatte freilich Pech, denn ausgerechnet an diesem Tag war Marconi nicht in der Stadt.[14]

Unglücklicherweise gibt O Laoi für diese Informationen keine Quellen an, so daß wir nur darüber spekulieren können, ob er sie vielleicht direkt von Verwandten und Bekannten der Familie Barnacle hat (der inzwischen versorbene Padraic O Laoi war nämlich Pfarrer an der Kirche St. Patrick in Galway, zu deren Pfarrbezirk auch die Familie Barnacle gehörte) oder ob er als gebürtiger Galwayer es einfach nur logisch und über jeden Zweifel erhaben fand, daß man im Jahre 1912, wenn man von Galway für einen Tag nach Clifden wollte, den Zug nahm. In jedem Fall gibt es keinen Grund, daran zu zweifeln, daß O Laois Version der Geschichte die einzig plausible ist.

Nun kann man natürlich auch der Meinung sein, es sei völlig unerheblich, ob Joyce nun mit dem Fahrrad oder mit dem Zug nach Clifden fuhr, ob er womöglich einen Eselstreiber engagierte oder von einem UFO an die Westküste transportiert wurde. An unserem Verständnis seiner Bücher ändert all das gar nichts, und es ändert leider auch nichts daran, daß das beabsichtigte Interview mit Marconi nicht zustande kam. Vielleicht ist es mir mit meiner arg pingeligen Mäkelei an diversen Joyce-Biographien aber doch gelungen, bei der Leserschaft das Bewußtsein dafür zu schärfen, daß man nicht alles unbesehen glauben darf, was gelehrte Menschen über das Leben des James Joyce zu Papier gebracht haben. Richard Ellmann mag zwar ganze Wagenladungen von Quellen studiert haben, als er seine klassische Joyce-Biographie schrieb, aber nicht bei jedem Satz, den er zu Papier brachte, ist er sich hinreichend der Tatsache bewußt gewesen, daß irgendjemand falsche Schlüsse aus diesen Sätzen ziehen könnte, wenn er sie ungenau formulierte. Seltsamerweise neigen sogar die schärfsten Ellmann-Kritiker unter Joyce-Biographen, die ihren Vorgänger in wichtigen Punkten

---

14 Übersetzt nach Padraic O Laoi, *Nora Barnacle Joyce: A Portrait* (Galway: Kenny's Bookshop and Art Galleries 1982), S. 90.

immer zu widerlegen versuchen, dazu, scheinbar unwichtige Details ungeprüft bei ihm abzuschreiben.

Nun kann man aber natürlich nicht immer alles selbst überprüfen, was man liest, und auch nicht all das, was wann verwendet, wenn man etwas schreibt. Das gilt auch für James Joyce, der in seiner Nebenerwerbseigenschaft als Gelegenheitsbeiträger des *Piccolo della Sera* über Dinge zu schreiben pflegte, von denen er eigentlich wenig Ahnung hatte, was freilich nicht auffiel, weil seine italienischen Auftraggeber von diesen irischen Provinzthemen ja noch weit weniger Ahnung hatten. Es ist zwar ausgesprochen schade, daß Joyce überhaupt keinen Bericht von seinem Ausflug ins ländliche Connemara abgestattet hat wie John Millington Synge sieben Jahre zuvor – ein Joycescher Bericht wäre aber fraglos auch nie und nimmer so fachkundig ausgefallen. Synge reiste im Sommer 1905 ein paar Wochen lang mit dem Maler Jack Yeats durch Connemara und Mayo und schrieb darüber für eine englische Zeitung. Mag sein, daß Joyce davon gehört hatte und mit seinen Artikeln für den *Piccolo della Sera* den halbherzigen Versuch unternahm, dem nachzueifern. Es ist allerdings zu bezweifeln, ob Joyce Connemara je mit anderen Augen als denen des Fremden hätte betrachten können. Sein Zugang zu Irland war und blieb Nora Barnacle, seine „kleine Galway-Braut“[15], deren Vorgeschichte er in Galway suchte.

---

15 Joyce, *Briefe I*, a.a.O., S. 431: so tituliert Joyce Nora Barnacle am 31. August 1909 im Anschluß an seinen ersten kurzen Aufenthalt in Galway.

Becketts Fahrräder

Von Last und Lust zwischen Lenker und Tretlager

„Das Fahrrad ist ein hohes Gut. Aber bei falschem Gebrauch wird es gefährlich“[1] – so lautet die dritte der dreizehn Lebensweisheiten, die die Titelhelden in Becketts erstem französischsprachigen Roman *Mercier und Camier* (1946 entstanden) aufstellen. Mercier und Camier mühen sich redlich, aus einer Stadt wegzukommen, die sich an vielen Textdetails als Dublin identifizieren läßt; sie schaffen es schließlich bis in die Berge, wo sich ihre Wege trennen, doch am Ende sind sie beide wieder in der Stadt.

Samuel Beckett wurde am Karfreitag des Jahres 1906 in Foxrock geboren: am Rande des Großraums Dublin und am Fuße der Wicklow-Berge im Süden. In die Dubliner Innenstadt gelangte man von Foxrock aus am praktischsten mit der inzwischen stillgelegten Bahnlinie zur Harcourt Street Station; die Wicklow-Berge lernte Beckett vornehmlich auf Wanderungen mit seinem Vater kennen. Daß beides jedoch auch per Fahrrad zu erreichen war (und bis heute zu erreichen ist), gehört durchaus zu den Vorzügen der Vororte an der südlichen Peripherie der irischen Hauptstadt. Keineswegs zufällig war es ein Fahrrad, mit dem unsereins seinerzeit zum ersten Mal nach Irland kam und am ersten Reisetag von Dublin aus die Wicklow-Berge überquerte. In *Mercier und Camier* stieß ich einige Jahre später auf eine Beschreibung eben jener Wegstrecke, mit der meine Irland-Erfahrungen ihren Anfang nahmen:

> Ein noch befahrbarer Weg verläuft quer über die Hochheide. Es ist der alte Heerweg. Er durchquert weite Moore, in fünfhundert Meter Höhe, oder tausend, wenn Ihnen das lieber ist. Er dient zu nichts mehr. [...] Niemand kommt mehr hierher, es sei denn Leute, die immer auf Malerisches aus sind, oder Wanderer. Das mit Heidekraut verkleidete Moor zieht einen an, mit einer Anziehungskraft, der Sterbliche schwer zu widerstehen vermögen. Dann verschlingt sie das Moor, oder der Nebel sinkt herab.[2]

---

1 Samuel Beckett, *Mercier und Camier*, üb. v. Elmar Tophoven (Frankfurt a.M.: Suhrkamp 1983), S. 106.

2 Ebd., S. 148/149.

Auch an anderen Stellen in Becketts Werk taucht diese Landschaft, die am ehesten Becketts Lieblingslandschaft zu nennen wäre, immer wieder auf, und noch im Alter sah Beckett sich hierher versetzt, sobald er nur die Augen schloß: „die alten Lieblingsstätten waren niemals gegenwärtiger", äußerte er 1985 gegenüber Eoin O'Brien: „mit geschlossenen Augen wandere ich diese Nebenstraßen ab."[3] Insofern hat sich, wenn auch nicht im befürchteten konkreten Sinne und unter Fortlassung des Fortbewegungsmittels, das bewahrheitet, was Beckett ein gutes Halbjahrhundert zuvor resignierend auf sich zukommen sah. Im Oktober 1932, als er aus familiären Gründen und gegen seine eigenen Vorlieben wieder in Foxrock wohnte, schrieb Beckett einem Freund: „Ich werde hier sein, bis ich sterbe, auf dem Fahrrad eines Fremden feine Wege mich entlangschleppen."[4]

Das Fahrrad ist ein Fortbewegungsmittel, das Genügsamkeit erfordert; das Kind, dem noch keine Alternativen offenstehen, findet am Radfahren ebenso seine Freude wie der Mensch im gereiften Alter, der das Fahrrad seines hohen Erholungswertes wegen wiederentdeckt – dem Geltungs- und Geschwindigkeitsbedürfnis der Sturm- und Drangjahre hingegen kommen andere Vehikel mehr entgegen, vor allem die motorisierte Hybridform des Fahrrads, das Motorrad. Bei Becketts Biographin Deirdre Bair lesen wir:

> Mit Mopeds und Motorrädern war Beckett von klein auf vertraut; schon als Teenager hatte er ein Moped besessen. Er war ein leichtsinniger Fahrer und hatte bereits vor dem Eintritt ins Trinity College mehrere ernste Unfälle hinter sich, wobei allerdings nur die Maschinen zu Bruch gegangen waren, er selbst jedoch keinen Schaden genommen hatte. Mit Sturzhelm und Schutzbrille, mit steinernem, grimmigem Gesicht brauste er durch die engen Straßen, über Gräben hinweg, unberührt von den Gefahren, die überall lauerten.[5]

Freilich lauerten eben nicht nur Gefahren, sondern auch Gelegenheiten zu Erfolg und Selbstbestätigung. Als im März 1925 von Donnybrook aus auf einem 63 Meilen langen Rundkurs quer durch die Wicklow-Berge ein

---

3 Eoin O'Brien, *The Beckett Country. Samuel Beckett's Ireland* (Monkstown: Black Cat Press 1986), S. xxvi (Beckett zu O'Brien am 16. Mai 1985).

4 Deirdre Bair, *Samuel Beckett. Ein Biographie*, üb. v. Werner Peterich (Hamburg: Kellner 1991), S. 211 (Beckett an George Reavey, 8. Oktober 1932).

5 Ebd., S. 76.

Amateur-Motorradrennen ausgetragen wurde, an dem allerdings nur sieben Starter teilnahmen, gehörte Samuel Beckett immerhin zu den fünf Fahrern, die wohlbehalten das Ziel erreichten. Er fuhr, wie der Rennbericht vermerkt, eine A.J.S. mit 2,75 Pferdestärken über eben jene Wege, die ihm zum Wandern stets die allerliebsten blieben.[6]

Die Rücksichtslosigkeit, die Deirdre Bair dem Motorradfahrer Beckett attestiert, kann sie anschließend auch in seiner Karriere als Autofahrer ausmachen:

> wiederholt wurde ihm wegen Gesetzesverstößen der Führerschein entzogen, und etliche Male verbot [sein Vater] Bill ihm einfach, das Auto zu benutzen, was ihn auf sein Motorrad verwies – sofern er ein fahrbereites besaß –, oder, besonders demütigend, auf ein ganz gewöhnliches Fahrrad.[7]

Damit scheint der Rang des Fahrrads endgültig auf seinen Tiefpunkt gesunken – doch das ändert sich schneller als erwartet. So, wie der Beckett-Fan in spe gut fünfzig Jahre später Irland mit dem Fahrrad kennenlernt, lernt auch Samuel Beckett das Land seiner Träume auf einer Fahrradtour lieben. Im Juni 1926 begibt er sich auf seine erste Frankreich-Reise; von Tours aus radelt er mehrere Wochen lang das Land der Loire-Schlösser ab, wobei er sich schon gleich zu Beginn mit einem jungen Amerikaner namens Charles C. Clarke zusammentut. Clarke kommt auch 1927 wieder nach Europa und besucht Beckett für einige Wochen in seinem Elternhaus, von wo aus die beiden Freunde lange gemeinsame Fahrradtouren durch die Grafschaft Wicklow unternehmen.[8] Spätestens von diesem Zeitpunkt an ist das Fahrrad der Beckettschen Wertschätzung sicher. Den größten Teil seines Lebens bleibt Beckett aktiver Radfahrer. Als er im Sommer 1938 von Paris aus (wo er inzwischen lebt) in Irland auf Heimatbesuch ist, plant er, bei der Rückfahrt sein Rad per Fähre mit in die Bretagne zu nehmen, wo sein Freund Alfred Péron wohnt, und von dort dann nach Paris zurückzuradeln.[9] Dieser Plan wird zwar nicht verwirklicht, doch Beckett hat in Frankreich auch später noch stets ein Fahrrad zur Verfügung, das ihm bis zur Anschaffung seines Autos (Anfang 1959) vor allem dazu dient, von seinem Landhaus bei

---

6 Vgl. Eoin O'Brien, a.a.O., S. 270.

7 Bair, a.a.O., S. 87.

8 Vgl. ebd., S. 83.

9 Vgl. Anthony Cronin, *Samuel Beckett. The Last Modernist* (New York: Da Capo Press 1999), S. 303.

Ussy-sur-Marne zur nächsten Bahnstation zu kommen, wenn er nach Paris fährt. Im März 1959 schreibt er seinem irischen Schriftstellerkollegen Aidan Higgins:

> Ich verbringe den größten Teil meiner Zeit auf dem Land in Ussy, hantiere und murkse an Papier und Rasen herum, schlage meine Schlachten gegen Maulwürfe, ein ödes trauriges Leben und sonst nichts, fahre mit dem Rad und weigere mich, bei Steigungen aufzugeben [...].[10]

Das Fahrrad bleibt Beckett also bis mindestens in sein sechzigstes Lebensjahrzehnt hinein ein Hilfsmittel zum Durchhalten. Und damit nun Ende des biographischen Abschnitts.

Kein Wunder ist es jedenfalls, daß das Fahrrad gleich in Becketts erster literarischer Buchveröffentlichung, dem Erzählungsband *Mehr Prügel als Flügel*, eine prominente Rolle spielen darf. Am Rande taucht es in mehreren Erzählungen auf. In „Von Liebe und Lethe" holt der Held Belacqua Shuah seine Angebetete Ruby mit dem protzigen Auto zum vereinbarten Suizidversuch ab; Rubys verbitterter Vater, der „sich nur ein Patentrad leisten konnte", muß schon zur Flasche greifen, um sich erfolgreich einreden zu können, daß es „auf diesem Odelfaß von Welt" Besseres gebe „als einen Silberpfeil"[11]. In „Spreu" ist es ein Fahrrad, mit dem der Geistliche bei Belacquas Witwe, der Smeraldina, auftaucht:

> Der Pfarrer kam im niedrigsten Gang auf der Chaussee angetrudelt, fand seine ärgsten Befürchtungen durch einen Blick auf die Fenster bestätigt, ließ sein Edelstahlroß in Zorn und Trauer auf den Kies fallen und trat stracks ein.[12]

Daß nun das, was der Pfarrer in Zusammenhang mit Belacquas Abgang von dieser Welt erleben muß, gar nicht nach seinem Gusto ist, zeigt sich nicht zuletzt an der Heftigkeit, die er im Umgang mit seinem Rad an den Tag legt – das Fahrrad ist in Becketts Welt nämlich einer sehr viel besseren Behandlung würdig.

---

10 James Knowlson, *Damned to Fame. The Life of Samuel Beckett* (London: Bloomsbury 1996), S. 461.

11 Samuel Beckett, „Von Liebe und Lethe", in *Mehr Prügel als Flügel*, üb. v. Christian Enzensberger et alii (Frankfurt a.M.: Suhrkamp 1989), S. 91-108, hier S. 100.

12 Samuel Beckett, „Spreu", ebd., S. 195-213, hier S. 201.

In der Erzählung „Fingal“ ist Belacqua mit seiner Freundin Winnie zu Fuß unterwegs, als er auf das Gefährt seiner Träume trifft:

> Sie liefen den Wiesenrain eines umgepflügten Felds entlang, bis sie auf ein Fahrrad stießen, das halb versteckt unter den wuchernden Halmen lag. Belacqua, der einem Fahrrad unter keinen Umständen widerstehen konnte, hielt diesen Fundort für ausgesprochen sonderbar. Der Besitzer stand auf dem Acker und kratzte mit einer Harke in den dürren Furchen.[13]

Mehrmals in der Erzählung überfällt Belacqua „die Tristesse des omne animal“, soll heißen: hat er geschlechtlichen Verkehr mit Winnie, doch das ändert nichts daran, daß die Widerstandslosigkeit, die ihm dem Fahrrad gegenüber attestiert wird, durchaus einen höchsten erotischen Reiz signalisiert. „Die Nickelspeichen des Fahrrads glitzerten in der Sonne“[14]: sobald Belacqua von diesem Reiz eingefangen ist, ist ihm Winnie nur noch lästig. Als nah der Irrenanstalt Dr. Sholto die Szene betritt, an dem Winnie, wie Belacqua weiß, nicht wenig interessiert ist, nutzt er die Gelegenheit, sich zu absentieren und nun ganz die Befriedigung seiner eigenen Bedürfnisse in den Blick zu nehmen.

> Er ging in anderer Richtung weiter bis dorthin, wo das Fahrrad im Gras lag. Ein treffliches, leichtes Gerät mit Holzfelgen und roten Reifen. Als er den Ackerrain zur Straße hinunterrannte, hüpfte es unter seiner Hand neben ihm her. Er stieg auf, und so flogen sie bergab und um die Ecke, bis sie schließlich bei dem Zauntritt zu dem Feld anlangten, wo die Kirche stand. Das Ding fuhr sich wie Butter; rechts schäumte das Meer zwischen Felsen.[15]

Daß Belacqua und das Fahrrad zum „sie“ vereint werden, macht die ganze Sache mehr als deutlich; das schäumende Meer, das Belacqua auf dem Rad erlebt, führt nun aber eben nicht zur postkoitalen Traurigkeit: „Belacquas Tristesse fiel von ihm ab wie ein Überhang. Er trug das Fahrrad ins Feld und legte es ins Gras“, wie er zuvor auch schon mit Winnie im Gras gelegen hatte. Doch Winnie ist nun anderweitig beschäftigt, denn

---

13 Samuel Beckett, „Fingal“, ebd., S. 21-34, hier S. 26.
14 Ebd., S. 30.
15 Ebd., S. 31.

> Dr. Sholto nutzte solang in seiner freundlich ausgestatteten Klause das Beisammensein mit Miss Winifred Coates zu seinen Besten. So hatte Portrane sie denn allesamt vereint, Winnie, Belacqua, sein Herz und Dr. Sholto, in Paarungen, die alle Beteiligten zufrieden stellten.[16]

So ganz zufrieden sind Winnie und Sholto am Ende dann aber doch nicht, denn Belacqua, der versprochen hatte, sich wieder mit ihnen zu treffen, versetzt die beiden naturgemäß, da ihm sein Fahrrad reichlich Gesellschaft genug und zudem ein ideales Fluchtwerkzeug ist. Auch, daß er auf seiner Flucht gesehen wurde, vereitelt diese Flucht keineswegs:

> „GERADELT!“ rief Winnie. „Aber er hatte doch gar kein Rad.“
>
> „Tom“, sagte Sholto, „hol das Auto raus, aber dalli, und fahr es her.“
>
> „Aber er kann es nicht gewesen sein“, Winnies Wut hatte mehr als einen Grund, „wenn ich Ihnen doch sage, er hat kein Rad gehabt!“
>
> „Er kann sein, wer er will“, sagte Sholto, ganz Herr der Lage, „noch vor der Hauptstraße haben wir ihn eingeholt!“
>
> Aber Sholto hatte das Tempo des Missetäters unterschätzt; der saß wohlbehalten in Taylors Wirtshaus zu Swords und trank sein Bier mit einem Lachen, das Mr. Taylor wenig behagen wollte, bevor sie noch recht in Fahrt gekommen waren.[17]

Samuel Beckett hat die fahrradbewehrte Flucht aus der Gegend um das Irrenhaus Portrane zurück Richtung Dublin in all ihrer Rasanz noch ein zweites Mal geschildert, nämlich in einem Gedicht namens „Ichor I“:

> strample daher in drei Gängen wie eine Sonate
> wie ein Ritter mit sattel-geknufftem scrotum atra cura auf dem Pedal
> Botticelli von der Gabel abwärts stößelt das Getriebe
> blutende Reifen sausen, leeren die Fahrbahn
> das ganze Himmelreich im Sphinkter
> dem Sphinkter
>
> müüüüüüüde jetzt
> Tretmühle durch die Lustwandler

---

16 Ebd.
17 Ebd., S. 34.

dies vielgetreue Nierost, dies Über-Echte
heimwärts zu, ein braver Bub
[...]
dahinschnellen mittlerweil aufs Fahrrad gekauert
die Wölbungen der Mannbaren der wächserne Ruin[18]

Neben offenen und offensichtlichen Bezügen zum Thema Fahrradfahren enthält dieses Gedicht noch eine Fülle von versteckten. Beispielsweise ist das zentrale Wort des zitierten Ausschnitts, „müüüüüüüde“, nicht ohne Grund von Beckett auch im englischen Original deutsch geschrieben; der Leser muß es erst übersetzen, kommt dadurch auf *tired* und, wenn er aufmerksam genug ist, eben auch auf das englische Wort für Reifen: *tyre*.

In Becketts während des Weltkriegs entstandenem letzten Roman in englischer Sprache, *Watt*, hat das Fahrrad seinen nächsten kleinen, aber doch bemerkenswerten Auftritt. Ziemlich zu Beginn des Romans wird ein Zeitungsverkäufer im Dubliner Bahnhof Harcourt Street beschrieben, der einige seltsame Marotten hat:

> Denn er legte auch nie seine Fahrradklammern ab. Diese waren von jener Art, die die Hosen weit nach außen abstehen lassen. Er war klein und hinkte schrecklich. Wenn er einmal in Bewegung war, kam er dank einer Reihe mißlingender Kniebeugungen rasch voran.[19]

Die Kombination einer etwas übersteigerten Fahrradleidenschaft mit unübersehbaren körperlichen Gebrechen deutet bereits auf Becketts Nachkriegshelden voraus. Charakteristisch für die Beckettschen Fahrradfreunde ist nun aber auch, daß sie die Funktion des Fahrrads als Beförderungsmittel zu verkehren geneigt sind. Wir erleben nämlich keineswegs, daß der Zeitungsverkäufer von seinem Fahrrad transportiert wird – wir erleben vielmehr das Gegenteil:

> Und siehe da, am Ende des Bahnsteigs kam der Zeitungsverkäufer mit seinem Fahrrad aus einer Tür. Er würde es die halbkreisförmige Steintreppe hinuntertragen und dann nach Hause radeln. Dort würde er eine Partie Schach spielen, unter Meistern, aus Mr. Stauntons

---

18 Samuel Beckett, „Ichor“, in *Gedichte*, üb. v. Eva Hesse u. Elmar Tophoven (München: dtv 1976), S. 25-31, hier S. 25.

19 Samuel Beckett, *Watt*, üb. v. Elmar Tophoven (Frankfurt a.M.: Suhrkamp 1972), S. 26.

> Handbuch. Am nächsten Morgen würde er sein Fahrrad die Treppe wieder hinauftragen. Es war schwer, da es ein sehr gutes Fahrrad war. Es wäre einfacher gewesen, es unten zu lassen, aber er hatte es lieber in seiner Nähe. Dieser Mann hieß Evans.[20]

Kurz vor Ende des Romans *Watt* taucht noch ein weiteres Fahrrad auf, wieder auf einem Bahnhof, nämlich dem von Foxrock – und wieder verkehren sich die Funktionen:

> Wenige Minuten später lief der Sechs-Uhr-vier in die Bahnstation ein. Es stieg, da Mrs. Pim nicht da war, kein einziger Fahrgast zu. Aber es wurde ein Fahrrad ausgeladen, für eine gewisse Miss Walker.[21]

Nicht nur wird auch dieses Fahrrad (vom Zug nämlich) transportiert, statt selbst jemanden zu transportieren, sondern zudem ist es für eine „Walker“, eine Fußgängerin, gedacht. Daß die Dame eine „Miss“, also noch unverheiratet, ist, läßt immerhin noch hoffen und zudem wieder einmal nach dem erotischen Potential des Fahrrads fragen.

Den Bahnhof von Foxrock macht Beckett ein gutes Jahrzehnt später noch einmal zum Schauplatz einer Fahrradszene, und zwar in dem Hörspiel *Alle, die da fallen*. Wieder ist es ein Mann mit körperlichen Gebrechen, dem das Fahrrad gehört, nämlich der „alte Mr. Tyler“, und auch Mrs. Rooney, die er um ein Haar überfährt, hat offensichtlich ein (für Passanten im Umgang mit Radfahrern durchaus nicht untypisches) körperliches Gebrechen: sie überhört Tylers emsiges Klingeln.

Mr. Tyler	Mrs. Rooney! Entschuldigen Sie, wenn ich meine Mütze aufbehalte, aber ich würde sonst vom Rad fallen. Ideales Wetter fürs Rennen.
Mrs. Rooney	Oh, Mr. Tyler, Sie haben mich zu Tode erschreckt, sich so an mich heranzustehlen wie ein Jäger auf der Pirsch! Oh!
Mr. Tyler	*scherzhaft:* Ich habe geklingelt, Mrs. Rooney, sofort als ich Sie sah, habe ich geklingelt, das müssen Sie zugeben.
Mrs. Rooney	Ihre Klingel, Mr. Tyler, und Sie sind zweierlei.[22]

---

20 Ebd., S. 27.
21 Ebd., S. 261.

Diese Szene aus *Alle, die da fallen* ist die letzte Stelle in Becketts Schaffen, an der das Fahrrad explizit auftritt; Becketts wichtigste Fahrradstellen neben den bereits zitierten finden sich in den Texten, die in dem Jahrzehnt zuvor entstehen: in „Das Beruhigungsmittel“ (1946), *Mercier und Camier* (1946), *Molloy* (1947) und schließlich dem *Endspiel* (1954-56). Allen diesen Stellen gemeinsam ist, daß das Fahrrad immer mit einer Empfindung von Freude, wenn nicht gar von Glück, zu tun hat – und das in den düsteren Beckettschen Welten, die ansonsten vornehmlich von Trauer und Verzweiflung bestimmt werden. Das Glück von Becketts Helden steht und fällt mit dem Fahrrad – insofern hat der Pfarrer in „Spreu“, der sein Fahrrad „in Zorn und Trauer“ hinwarf, ebenso unausweichliche Konsequenzen seines Tuns erlebt wie Belacqua in „Fingal“, dessen „Tristesse“ in dem Moment von ihm abfällt, in dem er das geklaute Fahrrad besteigt.

Der Erzähler des Nachkriegstextes „Das Beruhigungsmittel“ ist, wie er uns gleich anfangs versichert, bereits tot, quält sich dessen ungeachtet aber immer noch mit den typischen Beckettschen Gebrechen herum. Einmal allerdings erlebt er, daß plötzlich alle Mühe des Fortkommens von ihm abfällt und er so leicht und unbeschwert wie nie ausschreiten kann – dies alles nur, weil er „einen einzigen Radfahrer“ gesehen hat:

> Er fuhr langsam mitten auf der Chaussee, wobei er eine Zeitung las, die er mit beiden Händen aufgeschlagen vor seinen Augen hielt. Von Zeit zu Zeit klingelte er, ohne seine Lektüre zu unterbrechen. Ich schaute ihm nach, bis er nur noch ein Punkt am Horizont war.[23]

Diese seltsame Vision eines Radfahrers scheint gleichsam das Beckettsche Idealbild unbeschwerten Fortkommens zu sein: dieser Mann braucht ersichtlich für seine Bewegung von Horizont zu Horizont so wenig Energie aufzuwenden, daß er nebenher sogar noch anderes tun kann. Nun ist immerhin wissenschaftlich nachgewiesen worden, daß das Fahrrad unter allen Bewegungsmaschinen und Lebewesen in der Tat (noch vor Lachs, Pferd und Jumbo-Jet) die effizienteste Energieausnutzung aufweist, also gewissermaßen die größtmögliche existierende Annäherung an den Traum vom Perpe-

---

22 Samuel Beckett, *Alle, die da fallen*, in *Dramatische Dichtungen in drei Sprachen*, üb. v. Elmar u. Erika Tophoven (Frankfurt a.M.: Suhrkamp 1981), Bd. 2, S. 7-81, hier S. 15.

23 Samuel Beckett, „Das Beruhigungsmittel“, in *Erzählungen und Texte um Nichts*, üb. v. Elmar Tohhoven (Frankfurt a.M.: Suhrkamp 1962), S. 31-59, hier S. 49.

tuum mobile darstellt.[24] Daß der im „Beruhigungsmittel“ geschilderte Radfahrer dennoch nicht typisch ist für den Umgang der Beckettschen Figuren mit dem Fahrrad, liegt nicht zuletzt daran, daß sie selten tatsächlich darauf fahren.

Die Titelhelden des Romans *Mercier und Camier* beispielsweise besitzen zeitweise ein Fahrrad, doch fahren offenbar nie darauf. Vielmehr dient das Fahrrad, das im wahrsten Sinne des Wortes ein Zweirad ist, vor allem dazu, das Aneinandergekettetsein der beiden Helden in ein Bild zu fassen. Das Fahrrad wird zum ersten Mal erwähnt, nachdem sich Mercier und Camier im Park glücklich getroffen und zwei postkoital miteinander verbundene Hunde beobachtet haben; wie das Hundepaar, das sich gerne lösen möchte und nicht lösen kann, definiert auch das Fahrrad die beiden als jenes „Pseudopaar“[25], als das sie später im *Namenlosen* bezeichnet werden. Sinnigerweise sind es aber nicht Mercier und Camier selbst, die das Fahrrad zum Thema machen, sondern es ist der Parkwächter, der unterstellt, es gehöre ihnen, und sie zu seiner Entfernung aus dem Park auffordert:

> Sehen Sie dieses Fahrrad? sagte der Wärter.
> Ich sehe nichts, sagte Camier. Mercier, siehst du ein Fahrrad?
> Gehört es Ihnen? sagte der Wärter.
> Wie sollen wir von etwas, das wir nicht sehen, sagte Camier, dessen Vorhandensein lediglich aus Ihren Behauptungen zu entnehmen ist, wissen, ob es uns gehört oder anderen?
> Warum sollte es uns gehören? sagte Mercier. Gehören diese Hunde uns? Nein. Wir sehen sie heute zum ersten Mal. Und Sie wollen, daß das Fahrrad, wenn überhaupt ein Fahrrad da ist, uns gehöre. Die Hunde gehören uns doch auch nicht.
> [...]
> Angenommen, dieses sogenannte Fahrrad gehörte uns, sagte Mercier. Was ist Böses daran?
> Laß uns ehrlich sein, sagte Camier, es gehört uns.[26]

Ob gerade dieses Bekenntnis wirklich ehrlich ist, bleibt mehr als fraglich; an keiner einzigen Stelle des Textes wird definitiv geklärt, wie das Fahrrad in

---

24 Vgl. Janet Menzies, „Beckett’s bicycles“, in *Journal of Beckett Studies* 6 (Herbst 1980), S. 97-105, hier S. 101.

25 Samuel Beckett, *Der Namenlose*, üb. v. Elmar Tophoven, Erika Tophoven u. Erich Franzen (Frankfurt a.M.: Suhrkamp 1979), S. 14.

26 Beckett, *Mercier und Camier*, a.a.O., S. 20/21.

den Park kam und wem es gehört. Die Umstände, unter denen sich Mercier und Camier mit dem Rad aus dem Park entfernen, scheinen immerhin nahezulegen, daß sie das Rad zum ersten Mal sehen:

> Es war ein Damenfahrrad, ohne Freilauf leider. Um zu bremsen, trat man in die entgegengesetzte Richtung.
>
> Der Wärter mit seinem Schlüsselbund in der Hand schaute ihnen nach. Mercier hielt die Lenkstange, Camier den Sattel.[27]

Wie nicht nur der Parkwärter, sondern auch der Leser sieht, fahren die beiden (neuen) Besitzer nicht auf dem Fahrrad davon, sondern sie schieben es; wieder einmal wird also ein Beckettsches Fahrrad funktionell gar nicht genutzt. Für Mercier und Camier erweist es sich sehr schnell sogar als eine Last:

> Sie machten an der ersten Kneipe halt.
>
> Keine Tretomobile hier! sagte der Besitzer.
>
> [...]
>
> Und nun? sagte Camier.
>
> Sollen wir es an einem Laternenpfahl befestigen? sagte Mercier.
>
> Dann könnten wir uns freier bewegen, sagte Camier. Sie entschieden sich schließlich für ein Gitter. Das kam aufs gleiche hinaus.[28]

Es ist bezeichnend, daß Mercier und Camier das wider Willen ergatterte Fortbewegungsmittel erst an ein Gitter ketten, also seine Bewegungsfähigkeit zerstören müssen, um sich selbst „freier bewegen" zu können. Daß die Freiheit auch Verlust bedeutet, ist eine andere Sache; ganz nach dem Motto ‚aus den Augen, aus dem Sinn' vergessen die beiden das Fahrrad einfach. Es kommt ihnen erst wieder zu Bewußtsein, nachdem sie die Nacht bei der Prostituierten Helene verbracht haben: „Als sie wieder auf der Straße waren, fragten sie sich, was sie mit dem Fahrrad gemacht hatten. Auch der Sack war weg."[29] Erst sehr viel später, nach der vorübergehenden Trennung Merciers und Camiers, erfahren wir, was aus dem Fahrrad geworden ist:

> Erinnerst du dich noch an unser Fahrrad? sagte Mercier.
>
> Ja, sagte Camier.
>
> Lauter, sagte Mercier, ich verstehe nichts.

---

27 Ebd., S. 27.

28 Ebd., S. 29.

29 Ebd., S. 36/37.

> Ich erinnere mich noch an unser Fahrrad, sagte Camier.
> Von dem Fahrrad, sagte Mercier, ist, fest mit dem Gitter verkettet, noch übrig, was normalerweise nach mehr als acht Tagen ununterbrochenen Regens von einem Fahrrad übrig sein kann, von dem man die beiden Räder, den Sattel, die Klingel und den Gepäckträger abmontiert hat. Und den Rückstrahler, fügte er hinzu, ich hätte es beinahe vergessen. Was habe ich nur für einen Kopf.
> Und die Luftpumpe natürlich, sagte Camier.
> Ob du es glaubst oder nicht, sagte Mercier, ist mir egal, aber man hat uns unsere Luftpumpe gelassen.
> Und dabei war sie noch gut, sagte Camier. Wo ist sie?
> Ich dachte mir, daß man sie vielleicht nur vergessen hatte, sagte Mercier. Also habe ich sie dagelassen. Ich glaubte, gut daran zu tun. Was sollten wir nun damit aufpumpen? Ich habe sie sogar andersherum wieder eingehakt. Ich weiß nicht warum.
> Hält sie andersherum genausogut? sagte Camier.
> Oh, ganz genausogut, sagte Mercier.[30]

Diese vertrackte Passage wird in der Zusammenfassung des Kapitels unter der Bezeichnung „Das Fahrrad, Ende“[31] aufgeführt; zu Ende ist hier wohlgemerkt nicht nur die Geschichte des Fahrrades, sondern auch mit dem Pseudopaar Mercier und Camier geht es nun dem Ende entgegen. Im Anschluß an die zitierte Passage kommt es zu ihrem Mord an einem Schutzmann (Polizisten tauchen nicht nur bei Flann O'Brien und Karl Valentin, sondern auch bei Samuel Beckett überaus häufig im Umfeld von Fahrrädern auf); sodann beginnt jenes Kapitel auf der „Heide“ in den Bergen, in dem sich die Trennung der beiden endgültig vollzieht. So wenig, wie ein Rahmen ohne Vorder- und Hinterrad noch ein Fahrrad ist, läßt sich die Verbindung des „Pseudopaars“ ohne das nie seinem Zweck gemäß benutzte Fortbewegungsmittel aufrecht erhalten; „mit der Verstümmelung des Fahrrades“ beginnt, wie Hugh Kenner in seinem Essay „Der kartesianische Kentaur“ zu Recht bemerkt, „der Zerfall von Merciers und Camiers ursprünglicher Eintracht und Einheit.“[32]

Wo die Eintracht des Pseudopaars zerfällt, verfällt in der Konsequenz dann aber auch der einzelne Körper, dessen Teile nicht mehr harmonieren –

---

30 Ebd., S. 128/129.

31 Ebd., S. 147.

32 Hugh Kenner, *Samuel Beckett. Eine kritische Studie* (München: Hanser 1965), S. 119/120.

dies zeigt sich, auch in Sachen Fahrrad, vor allem in *Molloy*, Becketts nächstem Roman. „Molloys Trennung von seinem Fahrrad ist die erste Phase eines Zerfalls“[33], merkt wiederum Hugh Kenner an, wobei allerdings nicht nur ein einfacher und einmaliger Schnitt erfolgt, sondern auch das Zusammenspiel von Mensch und Maschine graduell und in Analogie zum menschlichen Körper reduziert wird. Der intakteste Körper ist der, über den Moran verfügt, als der zweite Teil des Romans einsetzt; nach und nach wird Moran dann von körperlichen Defekten heimgesucht, bis er am Ende ungefähr jenes Stadium von Gebrechlichkeit erreicht hat, in dem Molloy uns anfangs des ersten Teils bereits entgegentritt. Analog dazu ist auch die Leistungsfähigkeit des Fahrrads zu Beginn des zweiten Romanteils am stärksten; Moran spielt nämlich mit dem Gedanken, seine Reise mit der aufgeputschten Fahrradvariante durchzuführen:

> Sollte ich das Fahrrad mit dem Hilfsmotor nehmen? Das war die erste Frage, die ich mir stellte. Ich war ein methodisch veranlagter Mensch und begab mich niemals auf eine Mission, ohne daß ich vorher gründlich über die beste Art zu reisen nachgedacht hatte. [...] Bisweilen nahm ich mein Fahrrad mit dem Hilfsmotor, manchmal den Zug, manchmal den Autobus, und es kam auch vor, daß ich mich heimlich in der Nacht zu Fuß oder mit dem Rad aufmachte. Denn wenn man wie ich von Feinden umgeben ist, kann man selbst in der Nacht nicht mit dem Motor-Fahrrad fahren, ohne Aufsehen zu erregen, wenn man es nicht einfach als Fahrrad benutzt, was keinen Sinn hat. [...] Ich fuhr sehr gern mit dem Motor-Fahrrad, ich liebte diese Art der Fortbewegung. Und da die Gründe, die dagegen sprachen, mir unbekannt waren, beschloß ich das Motor-Fahrrad zu benutzen. So verband sich die Angelegenheit Molloy von vorneherein mit verderblichen Glücksvorstellungen.[34]

Glücksvorstellungen im Zusammenhang mit Fahrrädern sind uns nach einigen der oben zitierten Passagen nicht neu; daß es sich in diesem Fall allerdings um „verderbliche Glücksvorstellungen“ handelt, liegt nicht nur daran, daß Moran auf sein „Motor-Fahrrad“ dann doch verzichten muß. Vielmehr ist das motorisierte per se ein verderbtes, ein pervertiertes Fahrrad. Moran muß seine Glücksvorstellungen zurückschrauben, und damit beginnt auch

---

33 Ebd., S. 109.

34 Samuel Beckett, *Molloy*, üb. v. Erich Franzen (Frankfurt a.M.: Suhrkamp 1975), S. 115/116.

bereits sein eigener Verfallsprozeß; mit den Möglichkeiten des Fahrzeugs werden auch die des eigenen Körpers eingeschränkt.

Erst im fortgeschrittenen Verlauf seiner Reise kommt Moran zu einem Fahrrad, wobei ihn seine Versehrungen zwingen, dieses Rad durch seinen Sohn besorgen zu lassen – durch einen Sohn, der als Radeinkäufer denkbar ungeeignet ist, da er weder Sinn noch Nutzen des ganzen Unterfangens durchschaut.

> Streng dich nicht weiter an, zu verstehen, sagte ich, sondern paß auf, was ich dir jetzt sage, denn ich werde es nicht zweimal sagen. Er kam auf mich zu und kniete nieder. Man hätte meinen sollen, ich läge auf dem Sterbebett. Du weißt, was ein neues Fahrrad ist? sagte ich. Ja, Papa, sagte er. Schön, sagte ich, wenn du kein gebrauchtes Fahrrad findest, so kauf ein neues Fahrrad. Ich wiederhole. Dann wiederholte ich es, obgleich ich gerade erklärt hatte, daß ich es nicht zweimal sagen würde. [Daß das Beckettsche Wiederholungsprinzip mit dem Fahrradtopos eng verknüpft ist, werden wir noch sehen; als Doppelung bildet es hier zunächst einmal einfach das Prinzip des Zweirads ab.] Schließlich begriff er. Für wen ist dieses Fahrrad, für Goering? Er hatte noch nicht verstanden, daß er das Fahrrad bekommen sollte. [...] Also hab keine Angst, sagte ich, du hast mehr als genug Geld, um dir ein schönes Fahrrad zu kaufen, und dann sollst du es hierher bringen, ohne einen Augenblick zu verlieren. Bei meinem Sohn mußte man alle Möglichkeiten vorher ins Auge fassen. Er würde nicht wissen, was er mit dem Fahrrad nach dem Kauf anfangen sollte. Er wäre fähig gewesen, in Gott weiß was für einem Zustand in Hole zu bleiben und auf neue Anordnungen zu warten.[35]

Sicherheitshalber erläutert Moran seinem Sohn auch noch genau, welche Ansprüche er an das zu besorgende Fahrrad stellt – dies gibt ihm eine vorzügliche Gelegenheit, in den Einzelheiten dessen, was ein Fahrrad ausmacht, zu schwelgen und damit die spezifischen Fahrrad-Glücksvorstellungen heraufzubeschwören:

> Was die Fahrradlampe angeht, so hatten wir sie nicht nötig. Später, wenn das Fahrrad im Leben meines Sohnes, einem Leben voller Pflichten und unschuldiger Spiele, seinen Platz gefunden haben würde, wäre eine Lampe unentbehrlich, um bei seinen nächtlichen

[35] Ebd., S. 165/166.

> Fahrten den Weg zu erhellen. [...] Ich hätte ihm auch noch raten können, sich vor dem Abschluß des Kaufs die Glocke gut anzusehen, ihren kleinen Deckel abzuschrauben, ihr Inneres gründlich zu untersuchen, um sicher zu sein, daß es eine gute Glocke in guter Verfassung sei, und mit ihr zu schellen, um ihren Ton zu prüfen. Aber wir würden später Zeit haben, uns mit alledem zu beschäftigen. Und wenn es soweit wäre, würde ich meinem Sohn mit Freuden helfen, die besten Lampen, vorne und hinten, die beste Glocke und die allerbesten Bremsen an seinem Fahrrad anzubringen.[36]

Wenn Moran versichert, er würde seinem Sohn „mit Freuden" bei den Instandsetzungsarbeiten „helfen", so ist dies natürlich nicht einfach eine höfliche Floskel (Höflichkeit im Umgang mit seinem Sohn ist Moran ohnedies fremd), sondern es markiert wiederum die Neigung der Beckettschen Helden, mit Hilfe des Fahrrads gegen die übermächtige „Tristesse" des Daseins anzugehen. Wenn Moran seine „Glücksvorstellungen" schon nicht optimal – mit dem „Motor-Fahrrad" – realisieren kann, dann will er wenigstens ein gutes, ein intaktes Fahrrad haben; wenn dieses kleinere Mängel aufweist, so läßt sich zumindest über die Ausbesserungsarbeiten noch Freude herstellen.

Solche Ausbesserungsarbeiten hätte das Fahrrad, mit dem Morans Sohn schließlich wieder auftaucht, in der Tat nötig, denn es handelt sich um ein ziemliches Klappergestell. Moran muß – passend zum Fortschreiten seines eigenen Verfalls – weitere Abstriche vom Idealbild eines guten Fahrrads vornehmen:

> Es war allem Anschein nach wirklich ein recht gutes Fahrrad. Ich würde es gerne beschreiben, ich würde gerne viertausend Worte darüber sagen. Das ist also dein Fahrrad? sagte ich. [...] Ich sah mir den Gepäckaufsatz an. Er war das Beste an dem Fahrrad. Abgesehen von der Pumpe. Fährt es denn wenigstens? sagte ich. Zwei Meilen hinter Hole ist mir der Schlauch geplatzt, sagte er, und den Rest des Weges habe ich zu Fuß zurückgelegt.

Morans Sohn gehört also auch zu jenen Beckettschen Helden, die das Fahrrad nicht als Mittel zum Transport ihrer selbst benutzen, sondern sich im Gegenteil damit abplacken, das Fahrrad zu transportieren – und dies keineswegs gezwungenermaßen, denn der Sohn hat, wie Moran bald feststellen

[36] Ebd., S. 167/168.

wird, die Luft eigenhändig aus dem Ventil gelassen, um einen Defekt vorzutäuschen.

> Ich sah mir seine Stiefel an. Pump es wieder auf, sagte ich. Ich nahm das Fahrrad. Ich weiß nicht mehr, ob es sich um das Vorder- oder Hinterrad handelte. Sobald ich mit zwei Dingen zu tun habe, die ungefähr gleich sind, bin ich verloren.[37]

Auch dieses mangelnde Unterscheidungsvermögen gehört zum Verfall der Beckettschen Helden; wir werden ihm bei Molloy ebenso begegnen.

Schließlich gelingt es Moran, das Fahrrad flottzumachen; und schließlich gelingt es ihm und seinem Sohn (nach mehreren mißglückten Versuchen), das Fahrrad als das zu benutzen, was es ist: als Transportmittel.

> Ich ließ mich so weit zur Seite gleiten, bis der Fuß meines gesunden Beins den Boden berührte. Nun lastete nur noch das mühsam erhobene und gebeugte kranke Bein auf dem Antriebsrad. Ich bohrte meine Finger in den Rock meines Sohnes. Fahr langsam an, sagte ich. Die Räder begannen sich zu drehen. Ich bewegte mich auch vorwärts, halb mitgezogen, halb hüpfend. Ich fürchtete für meine hin und her baumelnden Hoden. [Die erotische Kraft des Umgangs mit dem Fahrrad, von Belacqua so sehr geschätzt, droht in Gefahren umzuschlagen.] Schneller! schrie ich. Er trat auf die Pedale. Mit einem Schwung war ich wieder auf meinem Platz. Das Fahrrad schwankte, kam wieder ins Gleichgewicht, begann schneller zu fahren. Bravo! schrie ich, toll vor Freude. [Moran gelingt es, wie man hört, an alte Glücksvorstellungen anzuknüpfen.] Hurra! schrie mein Sohn. Wie ich diesen Ausruf hasse! Beinahe hätte ich ihn nicht niederschreiben können. Mein Sohn war ebenso froh wie ich, glaube ich. Sein Herz schlug unter meiner Hand, und doch war meine Hand seinem Herzen fern. Glücklicherweise führte der Weg bergab. Glücklicherweise hatte ich meinen Hut instandgesetzt, sonst hätte der Wind ihn fortgetragen. Glücklicherweise war es schönes Wetter, war ich nicht mehr allein. Glücklicherweise, glücklicherweise.[38]

Das Wunder des Fahrradfahrens gelingt ein letztes Mal; Morans Alleinsein scheint eher durch das Fahrrad als durch seinen Sohn aufgehoben.

---

[37] Ebd., S. 180/181.
[38] Ebd., S. 183.

Molloy, der den ersten Teil des nach ihm benannten Romans erzählt, haben wir kennengelernt, lange bevor Moran zu seiner Reise aufbricht, und doch ist Molloy gewissermaßen ein Moran im Endstadium seines Verfalls. Die von Molloy beschriebenen Schwierigkeiten, mit seinem Fahrrad zu fahren, klingen folgerichtig wie eine extremere Fassung jener Schwierigkeiten, die Moran beschreibt:

> Dieser Vorfall erlaubt mir zu bemerken, daß ich, verkrüppelt wie ich war, zu jener Zeit mein Fahrrad nicht ohne ein gewisses Geschick benutzte. Ich machte es so: ich befestigte meine Krücken an der oberen Stange des Rahmens, je eine auf jeder Seite, stützte den Fuß meines steifen Beins (ich weiß nicht mehr, welches es war, sie sind jetzt beide steif [Molloy hat also mit seinen Beinen genau jenes Differenzierungsproblem, das Moran mit Vorder- und Hinterrad hat]) auf den heraussstehenden Teil der Vorderachse und trat mit dem anderen auf das Pedal. Es war ein kettenloses Fahrrad mit Freilauf, wenn es so etwas gibt. [Wie Hugh Kenner mitteilt, hat Beckett als Kind in Dublin ein solches Fahrrad gesehen, bei dem anstelle der Kette eine Kolbenstange die Pedalkraft auf das Hinterrad übertrug.[39]] Teueres Fahrrad, ich nenne dich nicht einfach Rad, du warst grün angestrichen, wie so viele Fahrräder deines Jahrgangs, ich weiß nicht, warum. Ich stelle es mir gern wieder vor. Ich würde es mit Vergnügen im einzelnen beschreiben. [Glück und Freude des Fahrradfahrens wirken also selbst noch bei der Beschreibung eines Fahrrades nach, wie wir es ansatzweise auch bei Moran haben erleben können.] Es besaß ein kleines Horn oder eine Hupe, anstelle einer Schelle nach der Mode eurer Zeit. Diese Hupe ertönen zu lassen, war für mich eine wahre Freude, fast eine Wollust. Ich will noch weitergehen und dies sagen: wenn ich eine Liste der Dinge, die mich in meinem endlosen Leben nicht zu sehr zum Kotzen gelangweilt haben, aufzustellen hätte, so würde der Akt des Hupens einen Ehrenplatz darin einnehmen. Und als ich mich von meinem Fahrrad trennen mußte, nahm ich die Hupe ab und behielt sie bei mir.

(Molloy ist nicht der einzige, der eine Hupe der Klingel vorzieht; in einer kurzen Szene Karl Valentins moniert der obligatorische Schutzmann, daß der Radfahrer statt der Glocke eine Hupe habe, und „Hupen dürfen nur die Autos haben“; der Radler hat eine hintersinnige Ausrede: „Die meine hupt

---

[39] Kenner, a.a.O., S. 214.

nicht [...] – ich spreche dazu!"[40] Beckett begeisterte sich für Valentin, als er ihn 1937 während seiner Deutschlandreise in München erlebte.)

> Wie beruhigend es ist, von Fahrrädern und Hupen zu sprechen. Unglücklicherweise geht es nicht darum, sondern um die Frau, die mir das Leben gegeben hat, durch das Loch in ihrem Hintern, wenn ich mich recht erinnere. Erster Beschiß.[41]

Wobei der „Beschiß" (der, ebenso wie das „Loch", an Morans Ortsnamen „Shit" und „Hole" denken läßt) nicht zuletzt darin liegen dürfte, daß Becketts Held, der das Fahrrad der Frau entschieden vorzieht, diese Vorliebe unterdrücken muß. Molloy ist ein wahrer Nachfolger Belacquas, auch, was die latente Fahrraderotik betrifft. Selbst die Schwierigkeiten, als Krüppel mit seinem Fahrrad einen Engpaß auf seinem Wege hinter sich zu bringen, meistert Molloy mit Bravour und vermerkt dazu: „Auf diese Weise brachten wir diesen schwierigen Durchgang zur gleichen Zeit hinter uns, mein Rad und ich."[42] Was für ein Paar! Gar nicht mehr erstaunen kann da, daß Molloys vertraulicher Umgang mit seinem Fahrrad von den allgegenwärtigen Ordnungshütern offensichtlich als Obszönität aufgefaßt wird:

> Ich begriff schließlich, daß meine Art mich auszuruhen, meine Stellung während des Ausruhens, nämlich rittlings über meinem Fahrrad, die Arme auf der Lenkstange, den Kopf auf den Armen, ein Attentat auf irgend etwas, woran ich mich nicht mehr erinnere, die Ordnung oder die guten Sitten, darstellte.[43]

Das Fahrrad also stellt das Gefüge der Welt in Frage.

Ist Molloy in Sachen Gebrechlichkeit die Steigerung gegenüber Moran, so ist der Titelheld des nächsten Romans *Malone stirbt* ein noch weiter forciertes Extrem. In seiner Welt gibt es deswegen auch keine Fahrräder mehr – wohl aber gehört zu den Dingen, denen Malone die letzten Reste dessen, was bei Molloy noch „Wollust" heißt, angedeihen läßt, ein kleines Relikt jener Zeiten, da man noch Fahrrad fahren konnte:

> Ich hätte über meinen Fahrradklingeldeckel sprechen mögen, über meine halbe Krücke, die Hälfte mit dem Querstück, man könnte

---

40 Karl Valentin, „Der Radfahrer", in *Karl Valentin's Gesammelte Werke* (München: Piper 1961), S. 109-110, hier S. 109.

41 Beckett, *Molloy*, a.a.O., S. 17/18.

42 Ebd., S. 22.

43 Ebd., S. 23.

> sagen eine Babykrücke. Ich kann es übrigens noch tun, was hindert mich daran, ich weiß nicht, ich kann nicht[44]

– Ende der Fahrraddiskurse; der Namenlose, Held im beschließenden Band von Becketts Romantrilogie, lebt nur noch in fahrradlosen Vorstellungswelten.

Es gibt aber noch zwei Nachklänge unseres Themas in Becketts Dramatik der fünfziger Jahre. Den einen, im Hörspiel *Alle, die da fallen*, haben wir bereits angesprochen; der andere findet sich im *Endspiel*. Wie in *Mercier und Camier* ist hier das Fahrrad etwas, das Paare vereinen oder trennen kann; wie im zweiten Teil von *Molloy* ist eines der betroffenen Paare das von Vater und Sohn. Im Gegensatz zu Moran, der seinem Sohn ein Fahrrad spendiert (und sei es auch nur, um sich selbst auf dem Gepäckaufsatz transportieren zu lassen), hat Hamm seinem vermutlichen Sohn Clov gerade kein Fahrrad kaufen wollen – doch auch diese Szene ist lang vergangen:

> Hamm — Hole zwei Räder. Von einem Fahrrad.
> Clov — Es gibt keine Fahrräder mehr.
> Hamm — Was hast du mit deinem Fahrrad gemacht?
> Clov — Ich habe nie ein Fahrrad gehabt.
> Hamm — So was gibt es ja gar nicht!
> Clov — Als es noch Fahrräder gab, habe ich geweint, um eins zu bekommen. Ich lag zu deinen Füßen. Du hast mich zum Teufel geschickt. Jetzt gibt es keine mehr.[45]

Daß Fahrräder und sogenannte Familienbande miteinander zu tun haben könnten, ist dem Leser Arno Schmidts wohlbekannt; der Held seiner Erzählung *Brand's Haide* bemerkt einmal: „»Kinder binden« (Sollen sich lieber n Tandem anschaffen: da sind sie noch mehr aufeinander angewiesen!)"[46] Daß Schmidt selbst und seine Frau Alice ihre literarischen Recherchen jahrelang per Tandem erledigt haben, widerlegt diese Auffassung noch nicht. Im Werk Becketts, in dem Fahrräder immer wieder auch von Paaren benutzt werden, handelt es sich dabei doch nie um ein Tandem – mit einer einzigen

---

44 Samuel Beckett, *Malone stirbt*, üb. v. Elmar Tophoven (Frankfurt a.M.: Suhrkamp 1977), S. 106.

45 Samuel Beckett, *Endspiel*, in *Dramatische Dichtungen in drei Sprachen*, a.a.O., Bd. 1, S. 207-317, hier S. 219.

46 Arno Schmidt, *Brand's Haide*, in Bargfelder Ausgabe, Bd. I/1 (Zürich: Haffmans 1987), S. 115-198, hier S. 150.

Ausnahme. Nagg und Nell, die Eltern Hamms im *Endspiel*, sitzen als Krüppel das Endstadium ihres Verfalls in zwei Mülltonnen aus. Begonnen hat auch ihr Verfall mit einem Fahrrad, und zwar eben mit einem Tandem:

Nagg	Erinnerst du dich an...
Nell	Nein.
Nagg	Den Tandemunfall, bei dem wir unsere Haxen verloren. Sie lachen.
Nell	Es war in den Ardennen. Sie lachen leiser.
Nagg	Am Ausgang von Sedan. Sie lachen noch leiser.[47]

Das Lachen wird leiser, und die Fahrräder verschwinden: nach *Molloy* und der Fahrradklingel in *Malone stirbt* aus Becketts Prosa, nach dem *Endspiel* und *Alle, die da fallen* aus Becketts Dramatik. Untergründig jedoch wirkt das Fahrrad – oder zumindest das, wofür es steht – auch danach noch fort in Becketts Welt. Freilich werden fortan andere Chiffren gefunden für das, was das Fahrrad meinte; auch das ‚Cycling' unterliegt dem Beckettschen ‚Recycling', wird anders wiedergesagt und neugesagt.

Wenn wir wissen wollen, was das Fahrrad sein könnte in Becketts Welt, kann uns ein Blick in *Warten auf Godot* weiterhelfen, jenes „Pseudopaar" aus zwei fast, aber eben doch nicht ganz identischen Akten, an deren Ende wir wieder da zu sein scheinen, wo wir anfangs auch schon waren. Legionen von Theatergängern haben sich – im Irrglauben, das Stück handele von Godot und nicht vom Warten – die womöglich doch naheliegende Frage gestellt, wer oder was Godot wohl sein möge. Beckett selbst hat sich wohlweislich gehütet, eine Antwort auch nur anzudeuten – aber er hat Hugh Kenner einmal von einem Radfahrer erzählt, der etwas mit dieser Frage zu tun haben könnte. Kenner berichtet, daß, während die Theaterwelt sich den Kopf über Godot zergrübelt,

> ein Veteranen-Radrennfahrer, von Samuel Beckett zeitweise mit Interesse verfolgt, quer durch Frankreich fährt, kahlköpfig, ein „Stayer", oft auf guten Plätzen in lokalen und nationalen Meisterschaften, Vorname nebensächlich, Familienname Godeau, natürlich nicht anders ausgesprochen als Godot.[48]

Sagt uns das etwas?

---

[47] Beckett, *Endspiel*, a.a.O., S. 229.
[48] Kenner, a.a.O., S. 115.

Warten auf Godot hat gewiß nichts mit Fahrradrennen zu tun, wenn wir Fahrradrennen als Fahrradrennen begreifen; *Warten auf Godot* könnte aber etwas mit dem Fahrradfahren an sich zu tun haben: wie das Fahrrad, das bei geringstmöglicher Energiezufuhr von größtmöglicher Effektivität ist, ist auch *Warten auf Godot* – und manch andere zumal von Becketts späten Arbeiten – eine denkbare Annäherung an das Perpetuum mobile: einmal in Gang gebracht, scheint es schier endlos den immergleichen Weg abzuspulen. Etliche von Becketts Texten sind dadurch gekennzeichnet, daß sich etwas tendenziell endlos wiederholt, wobei alles Wesentliche beim alten bleibt und sich doch gleichzeitig irgend etwas unmerklich verändert. Rituale werden eingeübt und immer wieder durchexerziert, Übungen in Repetition und Variation zugleich. Dies ist Becketts Fahrrad.

„Ein Mann auf dem Fahrrad" ist für Hugh Kenner der „kartesianische Kentaur", und das unter Wahrung der Formel „*mens sana in corpore disposito.*"[49] Nun will das aber nicht so ganz mit den Beckettschen Helden zusammenpassen, die ja nicht nur körperlich verfallen, sondern auch geistig in Regionen entschwinden, die nicht immer so arg gesund sind. Nicht nur Watt treibt die Logik bis in den Wahn von Zwangssystemen hinein, die die Welt in ihre potentiell unendlichen Möglichkeiten auffächern – das ist kein bloßer kartesianischer Zweifel mehr und auch kein bloß doppelnder Kentaurismus.

Vielmehr müssen wir Becketts Fahrrad als eine Art Unendlichkeitsmaschine betrachten. Damit soll hier weniger die schon erwähnte optimale Energieausnutzung gemeint sein – mit der richtigen Übersetzung läßt sich, wenn Fahrbahn- und Windverhältnisse mitspielen, das Treten fast beliebig lange durchhalten, aber eben nur *fast* beliebig lange – als vielmehr das, was Hugh Kenner en passant als „newtonsche Idealform rotierender Progression und gyroskopischer Stabilität"[50] erwähnt: der Radfahrer bewegt sich – in Relation zur Landschaft – kontinuierlich voran, aber er tritt – in Relation zur von ihm bewegten Maschine – immer auf der Stelle. Laufräder, Zahnkränze und Kette bewegen sich unablässig voran und verändern sich doch nicht, weil sie endlos sind. Alle Einzelbewegung ist in Zyklen eingebunden und führt wieder auf den Ursprung zurück, was folglich heißt, daß diese Abläufe prinzipiell unendlich sind. Hier liegt der kardinale Unterschied des Beckettschen Fahrrads zum Beckettschen Tonband (in *Das letzte Band*): das Bandgerät hat zwei Spulen, wie das Fahrrad zwei Laufräder hat, doch während sich das Band auf den Spulen entweder auf- oder abwickelt, kennt das

---

[49] Ebd., S. 113.
[50] Ebd., S. 110.

Fahrrad in seinen Bewegungsabläufen grundsätzlich weder Anfang noch Ende.

Um den Zusammenhang zwischen dem Fahrrad und einer zyklischen Unendlichkeit zu unterstreichen, lohnt sich der Blick in das Werk zweier Kollegen Becketts: Flann O'Brien und Arno Schmidt. Flann O'Brien, Ire wie Beckett (und damit an das drastische Bonmot eines weiteren Iren, nämlich Brendan Behans, gemahnend: „Was ist der Unterschied zwischen einem Iren und einem alten Fahrrad? – Keiner: beide kneifen dich am Arsch!"), macht Fahrrad wie Unendlichkeit vornehmlich in seinem zweiten Roman *Der dritte Polizist* zum Thema. Der Ich-Erzähler des Romans ist an einem Mord beteiligt gewesen, und eines der Mordwerkzeuge bringt bereits das Fahrradthema ins Spiel: „Ich wußte, daß der alte Mathers von einer eisernen Fahrrad-Pumpe gefällt worden [...] war."[51] Wic etliche von Becketts Helden absolviert O'Briens Erzähler eine äußerst seltsame und unwirkliche Reise. Er gerät in eine Polizeiwache, auf der Verbrechen, die nicht mit Fahrrädern in Zusammenhang stehen, unbekannt sind. Zuhauf verschwinden Fahrräder, wobei sich schließlich herausstellt, daß sie von den Polizisten selbst aus dem Verkehr gezogen werden – die Polizisten wollen so verhindern, daß die Persönlichkeit der Fahrräder in allzu hohem Maße auf die von Menschen übergeht. Hintergrund ist ihre Theorie vom Atomaustausch, der stattfindet, wenn zwei Körper lange und stoßweise aufeinanderprallen.

> Das Brutto- und Nettoresultat davon ist, daß die Persönlichkeit von Menschen, die die meiste Zeit ihres natürlichen Lebens damit verbringen, die steinigen Feldwege dieser Gemeinde mit eisernen Fahrrädern zu befahren, sich mit der Persönlichkeit ihrer Fahrräder vermischt – ein Resultat des wechselseitigen Austauschs von Atomen –, und Sie würden sich über die hohe Anzahl von Leuten in dieser Gegend wundern, die halb Mensch und halb Fahrrad sind. [...] Und Sie wären platt, wenn Sie wüßten, wie viele Fahrräder es gibt, die halb menschlich, die halbe Menschen sind, die zur Hälfte dem Menschengeschlecht angehören.[52]

Womit auch der so angeredete Erzähler insgeheim zum Fahrrad erklärt wird, denn „platt" sind üblicherweise Fahrradreifen.

---

51 Flann O'Brien, *Der dritte Polizist*, üb. v. Harry Rowohlt (Frankfurt a.M.: Suhrkamp 1991), S. 34.

52 Ebd., S. 111.

Radfahrer vor dem Postamt von Kilmacanogue in den Wicklow-Bergen zu Ende des 19. Jahrhunderts; beim Fahrrad rechts schön zu erkennen die Verwandtschaft mit der 8 und dem Unendlichkeitszeichen.

Der Unendlichkeitstopos wird von Flann O'Brien zunächst nicht direkt in Zusammenhang mit dem Fahrradthema entwickelt, sondern bleibt den gelehrten Fußnoten vorbehalten, in denen verschiedene Thesen des Wissenschaftlers de Selby ausgebreitet und diskutiert werden. Dazu zählt beispielsweise die Theorie von den „intermediären Orten", wonach Bewegung grundsätzlich eine Illusion sei, da es sich bei der vermeintlichen Bewegungserfahrung in Wahrheit um eine „Sukzession unendlich kurzer statischer Erfahrungen" handele. Das heißt: „Eine Reise ist eine Halluzination"[53]; und Stasis ist eben ein (prinzipiell unendlich) fortdauernder Zustand. Unendlichkeitstendenzen kommen gleichfalls in de Selbys „Untersuchung des Wesens von Zeit und Ewigkeit anhand eines Systems von Spiegeln"[54]

---

[53] Ebd., S. 66.
[54] Ebd., S. 84.

sowie bei seiner Erkenntnis, „die Erde“ sei „eine Wurst“[55], ins Spiel. Die sinnfällige Verknüpfung von Fahrrad und Unendlichkeit bringt dann das Romanende, das eben kein Ende ist: der Erzähler, dem schlagartig klar wird, daß er schon lange tot ist, kommt in seiner Erzählung an einem Punkt an, an dem er zu Beginn bereits war, und schwenkt unausweichlich auf eine Schleife ein, die ihn von nun an zur unendlichen Wiederholung des eben Erlebten zwingt. Die Textstelle, an der sich der Kreis endgültig schließt, ist die Frage, mit der der Roman endet und die eben schon zuvor einmal gestellt wurde; der Beamte auf der Polizeiwache, in die der Erzähler immer wieder eintreten wird, wird immer wieder fragen: „Handelt es sich um ein Fahrrad?“[56] Um ein Fahrrad als Unendlichkeitsmaschine handelt es sich allerdings, auch wenn O'Briens Erzähler naiv genug ist, die Frage mit einem Nein zu beantworten.

Arno Schmidt erklärt dem wiederauferstandenen Goethe apodiktisch: „*Fahrräder : die schönsten Maschinen!*“[57] Er teilt damit die Auffassung der Beckettschen Erzähler; selbst der letzte Mensch in Schmidts nach dem atomaren dritten Weltkrieg spielender Erzählung *Schwarze Spiegel* ist noch per Fahrrad unterwegs. Ihm macht das Fahrradfahren ebensolchen Spaß wie das Übertreten der vielen Gesetze, die jetzt kein Polizist mehr durchsetzen kann: „ein Fahrrad zu führen ist wunderbar! Und diese leeren Orte noch schöner; auf der Kreuzung fuhr ich acht Kreise; als ich Rücktritt nahm, stand ich wie eine Mauer.“[58] Es ist keineswegs Zufall, daß Schmidts endzeitlicher Erzähler auf der Kreuzung exakt „acht Kreise“ fährt; Heinrich Schwier hat feststellen können, daß die Zahl Acht in dieser Erzählung Arno Schmidts (wie auch in einigen anderen) überproportional häufig auftritt, und er führt dies auf die unstillbare Unendlichkeitssehnsucht Schmidts und seiner Erzähler zurück: die liegende Acht – ∞ – ist bekanntlich das mathematische Unendlichkeitszeichen. Seltsamerweise sieht dieses Unendlichkeitszeichen nicht nur aus wie eine Brille – Schmidt wie Beckett waren Brillenträger –, sondern ein bißchen auch wie ein Fahrrad, und damit schließt sich der Doppelkreis über Flann O'Brien und Arno Schmidt zurück zu Beckett.

---

55 Ebd., S. 123.

56 Ebd., S. 72 und 260.

57 Arno Schmidt, „Goethe und Einer seiner Bewunderer“, in Bargfelder Ausgabe, Bd. I/2 (Zürich: Haffmans 1986), S. 189-220, hier S. 210.

58 Arno Schmidt, *Schwarze Spiegel*, in Bargfelder Ausgabe I/1, a.a.O., S. 199-260, hier S. 206.

In Becketts Werk spielt die liegende Acht als Unendlichkeitszeichen eine ähnlich prägnante Rolle wie das Fahrrad, wenn es auch mehr im Verborgenen wirkt. In einer 1938 entstandenen Rezension zu Denis Devlins Gedichtband *Intercessions* moniert Beckett anläßlich eines Gedichts, das er ansonsten ausdrücklich lobt: „Wenn die 8 in der letzten Zeile doch nur auf ihrer Seite liegengelassen worden wäre. So: ∞.“[59] Beckett wünscht sich die liegende Acht ebenso wie jene im Gras liegenden Fahrräder, denen Belacqua Shuah in „Fingal“, wie gesehen, „unter keinen Umständen widerstehen“ kann. Belacqua Shuah ist es auch, der in „Ein feuchter Abend“, einer anderen Erzählung des Bandes *Mehr Prügel als Flügel*, einen ausgesprochen seltsamen Gebrauch vom Unendlichkeitszeichen macht:

> Er verfiel auf eine hübsche Miniatur und fand viel Genuß an ihrer Ausgestaltung: daß sein Abfall vom undeutlichen Gnadenstand der Flaschenleerung sich mit dem Aufstieg bis dorthin am angenehmsten Punkte überschnitten hätte. So war der Vorgang zweifellos zu sehen. Bisweilen verschlang die Trinklinie sich ja zu einer Acht, und wem das Langgesuchte auf dem Weg nach oben zuteil geworden war, der fand es auf dem Weg nach unten wieder. Die Acht als Trinkfigur ganz ohne Bauchlandung. Man fiel nicht auf den Ausgangspunkt zurück, sondern begegnete im Herunterkommen sich selbst im Höhersteigen. Das konnte Anlaß zur Freude sein, wie jetzt; aber öfter noch zur Reue, dann suchte man sich schleunigst eine neue Heimat.[60]

Die Wendung vom „Anlaß zur Freude“ schließt indirekt auch diese Stelle an das Fahrradthema an, ist doch das Fahrrad in vielen Texten Becketts der größte – wenn nicht gar der einzige – Freudenbringer.

Das Unendlichkeitszeichen ist ein Doppelkreis, ein Bi-Zyklus – das *bicycle*, das Fahrrad Becketts, hat sich verwandelt in einen grundlegenden Modus der Beckettschen Texte. Insofern ist das Fahrrad als Prinzip auch noch in jenen späten Texten Becketts präsent, in denen zu Fuß immergleiche Wege abgeschritten werden. Der wohl kürzeste dieser Texte – eine 1981 entstandene Arbeit, die Beckett allerdings nicht zur Veröffentlichung freige-

---

59 Samuel Beckett, „Intercessions by Denis Devlin“, in *Disjecta. Miscellaneous Writings and a Dramatic Fragment* (London: Calder 1983), S. 91-94, hier S. 93.

60 Samuel Beckett, „Ein feuchter Abend“, in *Mehr Prügel als Flügel*, a.a.O., S. 49-89, hier S. 77/78.

geben hat – trägt den provisorischen Titel „The Way“ und beschreibt einen sich in Form einer Acht einen Hügel hinauf- und wieder hinabwindenden Weg „In unendlichem Enden oder beginnendem Licht“[61]. In der letzten Fassung, einem Typoskript, besteht dieser Text aus zwei Teilen; der erste ist „8“, der zweite „∞“ überschrieben. Wir haben es hier, wenn wir so wollen, mit der abstraktesten Fassung eines Fahrrads in den Wicklow-Bergen zu tun – eines Fahrrads, das nicht mehr jenes Hilfsmittel ist, mit dem ein Weg zurückgelegt wird, sondern das selbst zu diesem Weg geworden ist. Als Weg in Fahrrad-, in Achtform kann dieser Weg nie bewältigt werden: er endet nicht, sondern zwingt den Wandernden auf unveränderlicher Bahn voran. Wie schon Mercier und Camier gewußt haben: „Das Fahrrad ist ein hohes Gut. Aber bei falschem Gebrauch wird es gefährlich.[62]

---

[61] Samuel Beckett, „The Way“, Faksimile in Carlton Lake (Hg.), *No Symbols Where None Intended. A Catalogue of Books, Manuscripts, and Other Materials Relating to Samuel Beckett in the Collection of the Humanities Research Center* (Austin: Humanities Research Center 1984), S. 173.

[62] Beckett, *Mercier und Camier*, a.a.O., S. 106.

„Fahrräder: die schönsten Maschinen!"

Zum Radfahren bei Arno Schmidt

> ich glitt mit müder Eleganz, à la Herr der Welt, in die Kurve: [...]: ein Fahrrad zu führen ist wunderbar!
>
> Arno Schmidt, „Schwarze Spiegel"[1]

Wenn das aus „Goethe und Einer seiner Bewunderer" entnommene Titelzitat und die beiden aus den „Schwarzen Spiegeln" zum Motto zusammenmontierten Schmidt-Stellen den Eindruck erwecken müssen, das Fahrrad sei im Werk Arno Schmidts grundsätzlich mit ebensolchen Glücksgefühlen verbunden, wie ich das anderswo für das Werk Samuel Becketts zu zeigen versucht habe[2], so ist dieser Eindruck durchaus irrig. Das Fahrrad spielt bei Arno Schmidt nämlich vielfältige Rollen, die keineswegs immer rühmliche sind. Daß das so ist, zeigt schon die erste Fahrradstelle überhaupt, die bei Schmidt auftaucht, nämlich im „Massenbach" von 1949. Im „Vorspiel" der „historischen Revue" darf ein gewisser „Arno" sagen:

> Tja: Radrennfahrer müßte man sein: Coppi hat dies Jahr 37 Millionen Lire damit verdient – großer Gott, was für ein Zeitalter; anstatt daß man allen »Berufssportlern« und vor allem sämtlichen beim Zuschauen Ertappten immer gleich Hundert auf den Hintern zählte ..[3]

Für das Zustandekommen dieser Stelle gibt es einen ziemlich klaren Hintergrund, der damit zusammenhängt, daß es hier nicht um Radfahren als solches, sondern um Rad*renn*fahren geht, also um Sport, der bei Schmidt

---

1 Arno Schmidt, „Schwarze Spiegel", in Bargfelder Ausgabe, Bd. I/1 (Zürich: Haffmans 1987), S. 199-260, hier S. 202/206.

2 Vgl. Friedhelm Rathjen, *Samuel Beckett & seine Fahrräder: Ein treffliches leichtes Gerät mit Holzfelgen und roten Reifen* (Darmstadt: Häusser 1996), leicht erweiterter Nachdruck u.d.T. „Becketts Fahrräder. Von Last und Lust zwischen Lenker und Tretlager" im vorliegenden Band, S. 103-128 passim.

3 Arno Schmidt, „Massenbach. Historische Revue", in Bargfelder Ausgabe, Bd. II/1 (Zürich: Haffmans 1990), S. 7-104, hier S. 12 f. – Der Italiener Fausto Coppi (1919-60) war einer der erfolgreichsten und berühmtesten Radrennfahrer seiner Zeit.

bekanntlich stets und grundsätzlich verdammt wird – wenn's nicht das Schachspielen ist jedenfalls. Es gibt noch zwei weitere Stellen in Schmidts Werk, an denen das Fahrrad als Sportgerät vor- und folglich ganz schlecht wegkommt. In der „Seelandschaft mit Pocahontas" lesen wir als Kommentar zur „Tour de France": „Mit *den* Beenen könnten se ooch nützlicher sein!"[4] Und im *Steinernen Herzen* dann wird sich wieder mokiert, diesmal übers Radrennen in der DDR: „Hier ‹Radfernfahrt für den Frieden› (sic!); drüben wurden lediglich Sprengschächte eingebaut, und Mädchen vergewaltigt."[5]

Kleine Nebenbemerkung für Freunde von Intertextualitäten: Friedensfahrtsieger wurde 1955 als erster Radrennfahrer der DDR der legendäre „Täwe" Schur, den Uwe Johnson später zur Vorlage des Helden seines Radrennfahrerromans *Das dritte Buch über Achim* nahm. Allerdings schrieb Schmidt den zitierten Passus schon vor Schurs historischem Siege – und überhaupt: das hier nur nebenbei.

Das Fahrrad kann für Schmidt (wie auch sonst) eine Reihe recht unterschiedlicher Funktionen wahrnehmen; die sportliche ist nur eine davon und steht bei Schmidt naturgemäß unter negativen Vorzeichen. Eine andere Funktion, von Schmidt in aller Regel positiv bewertet, ist die Erinnerung an die Jugendzeit, seine frühen Jahre also, in denen das Fahrrad noch das rasanteste aller verfügbaren Gefährte (fast hätte ich versehentlich gesagt: Gefährtinnen) ist und vom vor Kraft strotzenden jugendlichen Körper mit entsprechender Verve bedient wird. Schmidts zweite Fahrradstelle – wir finden sie in *Brand's Haide* – gilt diesem Sachverhalt:

> ich erinnerte mich doch stets wieder blitzschnell der seligen Jünglingszeit, wo man vor keinem Menschen hatte stramm stehen brauchen, es kein »Ehrenkleid« gab: hei! Wie war ich durch die Nachtfunkelei gelaufen, auf dem Fahrrad über die Hohwaldchaussee gebraust, hatte hastig vom starken dunklen Biere getrunken, augenweit und haarumwallt. [...] Oh, ich war bereit zu jeder Rebellion gegen vieles Geehrte! Ich![6]

---

4 Arno Schmidt, „Seelandschaft mit Pocahontas", in Bargfelder Ausgabe, Bd. I/1, a.a.O., S. 391-437, hier S. 431.

5 Arno Schmidt, *Das steinerne Herz: Historischer Roman aus dem Jahre 1954 nach Christi*, in Bargfelder Ausgabe, Bd. I/2 (Zürich: Haffmans 1986), S. 7-163, hier S. 92.

6 Arno Schmidt: *Brand's Haide*, in Bargfelder Ausgabe, Bd. I/1, a.a.O., S. 115-198, hier S. 140.

Das Fahrrad als Rebellionsgerät des Jünglings: das ist schon was. Dummerweise geht die Rebellion gelegentlich in die Hose, und das führt uns – noch auf der selben Seite von *Brand's Haide* – auf eine weitere und wiederum eher negative Funktion des Fahrrads: es kann im Radumdrehen zum Inbild der Lächerlichkeit werden.

> *Blakenhofs Tagesgespräch:* Ein Radfahrer stieß am Sportplatz mit einem Mädchen im Trainingsanzug zusammen ... »Er erlitt eine schwere Erektion und mußte ins Krankenhaus eingeliefert werden« ergänzte ich mechanisch: Gelächter. – Sport; viel vom Sport [...] Ich hab kein Interesse für Sport: schwimmen kann ich fischmäßig; radfahren [...].[7]

– aber den Sport haben wir ja schon erledigt. Bleiben wir noch bei der Lächerlichkeit: „*Um 1* mußte Grete in Krumau sein; sie nahm auf dem alten Herrenfahrrad Platz und klapperte los."[8] Wenn ein Mädchen ein Herrenfahrrad benutzt, dann geht das gegen alle Würde, und wenn das Fahrrad dann auch noch klappert, dann kommen wir auf eine Funktion zu sprechen, die mit der Erinnerung an vergangene Zeiten durchaus liiert, im Gegensatz zu dieser aber eine negative ist: Radfahren kann hochgradig altmodisch sein. Das Substantiv „Fahrrad" und das Adjektiv „alt" lassen sich allzu trefflich paaren, selbst dann, wenn es um moderne Kunst geht: „Moderne Malerei : »Rote Form«, und : »Zwei Menschen«, Plastik, als altes Fahrrad. Ohne mich."[9]

„Ohne mich" sagt Arno Schmidt, wie sattsam bekannt, auch zum Kinderreichtum, und wieder ist ein Fahrrad zur Stelle: „»Kinder binden« (Sollen sich lieber n Tandem anschaffen : da sind sie noch mehr aufeinander angewiesen!)"[10] Daß dies eine arg knifflige Stelle ist, dafür sorgt nicht nur die biographische Komponente des Tandemthemas, die von Friedrich Neuhausen bereits erschöpfend abgestrampelt wurde[11], sondern auch eine Stelle im *Steinernen Herzen*, an der das Tandem als Liebeshilfsmittel sehr viel besser wegkommt:

---

7 Ebd.

8 Ebd., S. 148.

9 Ebd., S. 151.

10 Ebd., S. 150.

11 Vgl. Friedrich Neuhausen, „Das Geheimnis des Tandems oder Die endgültige Rettung Arno Schmidts für die deutsche Literatur", in *Zettelkasten 11 / Jahrbuch der Gesellschaft der Arno-Schmidt-Leser 1992*, hg. v. Martin Lowsky (Frankfurt a.M.: Bangert & Metzler 1992), S. 13-38.

> »Und wir kaufen uns n Tandem, Du; das iss gesund: und fahren zu all den Pfarrämtern!«. Schon kam das erste Bild: Haide; Sonne; ein harter Radfahrweg unter Birkengewehe; vorn drauf das stramme Gesäß, an dem die Schenkel elastisch arbeiteten; wenn wir wollten – und sie wollte ja oft – bogen wir links ab in den Wald.[12]

Hier spüren wir endlich auch so etwas wie eine mögliche erotische Rolle des Fahrrades, auf die wir noch ausführlicher werden zu sprechen kommen müssen. Wichtigste Zutaten für diesen Aspekt sind – wie hier – ein meist strammes Gesäß und die in emsiger Bewegung befindlichen Schenkel. Einen allerersten Vorgeschmack darauf gibt schon *Brand's Haide* mit dem Wunsch: „Drei Fahrräder müßten wir haben und nebeneinander daherbrausen, mit unbewußt rastlosen Beinen!"[13] Man sieht, hier ist es noch Teil des Wunsches, daß bitteschön jeder Schenkelstrampler und jede Schenkelstramplerin ein eigenes Gefährt unter sich habe – von Tandemwunsch keine Spur, obwohl's um eine Art *Menage à trois* geht.

Die wohl schönste Fahrradstelle zumindest in *Brand's Haide* ist die folgende, weil sie sehr schön das Rauschhafte an der Radfahrbegeisterung zum Ausdruck bringt:

> Da lehnte das Rad am Baum mit sehr runden Rädern, alle Speichen hatte ich blankgeputzt : konnte ich noch stehen? [...] und schritt auf das runde Rad zu (kein Gefühl mehr im Gesicht : also vollfett!) [...] und führte das Rad auf Straßenmitte : kein flacher Kopf, der Schmidt, was?!
>
> *Riding on a bike:* sssst! [...] ich schwenkte den Körper, linkes Bein als Achse (Das rechte taugt nicht mehr viel, vom Kriege her!) und fuderte über den Platz. [...] ich setzte das Rad klirrend auf[14]

Hier ist das Fahrrad zur Droge geworden und verbindet sich mit einer anderen Droge – dem Fusel, den der Held intus hat – zu einem phantastischen Vollrausch im Sattel. Festzuhalten bleibt dabei mindestens zweierlei. Erstens schließen Drogenrausch und Erotik einander aus: Mann säuft nur, wenn keine Frau zur Hand ist, und bei der berauschten Sausefahrt sehen wir nichts von strammen Waden oder Hinterbacken. Und zweitens ist der Fahrradrausch in der Lage, einige jener Elemente, die der Wertschätzung des Fahrrads anderswo eher abträglich sind, zu kompensieren: die körper-

---

12 Schmidt, *Das steinerne Herz*, a.a.O, S. 152.

13 Schmidt, *Brand's Haide* , a.a.O., S. 180.

14 Ebd., S. 176 f.

lichen Defekte des Radfahrers (die hier fast an Becketts gebrechlichen Radler Molloy erinnern) münden an dieser Stelle ebensowenig ins Lächerliche wie die unerwünschten Nebengeräusche des Rades, die hier deshalb als Klirren und nicht als Klappern bezeichnet werden.

Der eigentliche und zentrale Fahrradtext Arno Schmidts sind die „Schwarzen Spiegel", die denn auch folgerichtig nur aus zwei Teilen bestehen: Fahrrad heißt Zweirad bei Schmidt. Gleich zu Anfang entsteht der Rhythmus der Textur unmittelbar aus den Verrichtungen im Sattel:

> *Lichter?* (ich hob mich auf den Pedalen) –: – Nirgends. [...]
> *Weiter treten:* [...]
> *Rücktritt:* (und es quietschte beim Halten; morgen muß ich mal Alles durchölen).[15]

Diese letzte Formulierung wird kurz darauf noch einmal aufgegriffen – „das Rad war durchgesehen"[16] –, womit sich der Held und Erzähler im Text und in seiner neuen Umgebung installiert hat – und am Ende des ganzen Textes, praktisch nach zwei kompletten Radumdrehungen, taucht die Formulierung leicht variiert wieder auf, als die aufbruchbereite Lisa den Erzähler anweist: „sieh das Rad durch und den Anhänger"[17]. Durchsehen läßt sich nicht nur ein Fahrrad, durchsehen lassen sich – dies eine von Schmidt gern gebrauchte Terminologie – auch Texte nach ihrer Niederschrift, und so ist es kein Wunder, daß die zyklische Funktionsweise des Fahrrads mit dem zyklischen Geschehensablauf der „Schwarzen Spiegel" verzahnt ist. Aus dem Nichts erschafft der Schriftsteller mit seinem Handwerkszeug neue Welten; aus dem Nichts baut sich der Erzähler der „Schwarzen Spiegel" eine Behausung und macht dann den Schuppen „doch noch zwei Meter länger" als geplant, nämlich für „das Fahrrad und alles mögliche Handwerkszeug!"[18]

Nicht zuletzt das Fahrrad ist es auch, das den Erzähler und Lisa voneinander unterscheidet. Als der Erzähler im Wald von Lisa (die er, ohne nachzudenken, für einen Mann hält) beschossen wird, entdeckt er ihr Fahrrad:

> Da lehnte auch sein Damenrad an einer krummen Föhre. Mit geraden Unterrohren: hatte die Minderzahl der deutschen Marken gehabt; rotbraun und hellgelb abgesetzt; dreckig; Pappkarton aufm Gepäckträger.[19]

---

15 Schmidt, „Schwarze Spiegel", a.a.O., S. 201.
16 Ebd., S. 204.
17 Ebd., S. 259.
18 Ebd., S. 220.
19 Ebd., S. 239.

Die geschilderten Einzelheiten, vor allem die Tatsache, daß es sich um ein „Damenrad“ handelt, erfüllen eigentlich eher negative Funktionen des Fahrradthemas, namentlich die der Lächerlichmachung – dennoch hat diese Beschreibung seltsamerweise gar nichts Lächerliches an sich, eben weil es das Rad einer – der! – ersehnten Frau ist. Gleichwohl tragen die Differenzen zwischen den Rädern der beiden ihr Teil dazu bei, die Differenzen zwischen Lisa und dem Erzähler kenntlich zu machen. Beispielsweise ist zwar des Erzählers Rad vollgummibereift, offenbar nicht aber Lisas: am Ende vermerkt der Erzähler, er habe ihr *„Rad aufgepumpt“*[20].

Eine zentrale Fahrradstelle findet sich sehr viel früher im Text:

> (Rad stand im Schatten, ja? – Warum eigentlich?) Aber ich war dann doch zu unruhig und raffte mich wieder hoch: ein Fahrrad zu führen ist wunderbar! Und diese leeren Orte noch schöner; auf der Kreuzung fuhr ich acht Kreise; als ich Rücktritt nahm, stand ich wie eine Mauer.[21]

Wie weit die Verbindung zwischen Rad und Fahrer geht, unterstreicht die Tatsache, daß an dieser Stelle zweimal das Wörtchen „stand“ auftaucht: „Rad stand“, heißt es zu Anfang, und wenige Zeilen später „stand ich“ – so rasch lassen sich Fahrgerät und Fahrerperson zum Zentaur vereinen. Nicht unerwähnt lassen kann man angesichts der „acht Kreise“, die dieser Zentaur auf der Kreuzung fährt, die These aus Heinrich Schwiers (leider immer noch unveröffentlichtem) kommentierenden Handbuch, die Zahl 8 stehe zumindest in diesem Text auch für Schmidts ungestillte Unendlichkeitssehnsucht. Dennoch: wider zumindest meine dringende Erwartung läßt Schmidt hier den Umstand sträflich ungenutzt, daß das Fahrrad selbst mit seinen zwei Kreisrädern ja nahezu aussieht wie die 8 oder das Unendlichkeitszeichen – Schmidt vergibt die Chance, das Fahrrad selbst zur Unendlichkeitsmaschine zu machen, und man wird es mir schon nachsehen müssen, daß ich deshalb an dieser Stelle mit fliegenden Fahnen zu Samuel Beckett überlaufe: Adieu, bye-bye, tschüß ook, hey hey!

Freilich bin ich nicht der Rock'n'Roller Chuck Berry, der habituell jeden Auftritt nach zwanzig Minuten abzubrechen versuchte, der aber auch von seinem Publikum bei diesen Gelegenheiten ebenso habituell um die Bühne gejagt und nicht selten verdroschen wurde, bis er sich bereit erklärte, weiterzuspielen. Ich intoniere also rasch noch eine weitere Fahrradeloge aus den

[20] Ebd., S. 259.
[21] Ebd., S. 206.

„Schwarzen Spiegeln“ (wobei ich Ihnen das Urteil drüber überlasse, ob es hier mehr um den Fahrradrausch oder um die Fahrraderotik gehen mag) – „Hurtiger wurde ich, schon war die Lippenhaut gefühllos, und die Schenkel ritten unter mir auf dem platten Radfahrweg entlang, eins, zwei, rast ich, so rost ich“[22] – und erkläre mich bereit, noch etwas weiter durch Arno Schmidts Werk zu pedalen.

Zwei Zeilen aus „Lillis Sonettenkranz“ von 1951 – „ein Tandem trägt uns über Tal und Hügel : / der kleine Driver vorne lacht sich eins“[23] – erinnern daran, daß das Ehetandem von Arno und Alice Schmidt auch auf der Umzugsgutliste auftaucht, die Schmidt anläßlich der Umsiedlung nach Rheinhessen erstellte[24], doch in dem literarischen Ertrag dieser Episode, eben der Erzählung *Die Umsiedler*, kommt das Fahrrad gar nicht gut weg. Da erinnert sich die Witwe Katrin zum einen an „Pfarrer Hein auf dem Fahrrade mit anstößig wehendem Talar“[25] – man wird mir zustimmen, daß das wohl gerade kein Fall von Fahrraderotik ist, sondern eher in die Kategorie des Lächerlichen fällt; und mit Lächerlichkeit hat zum anderen auch das Fahrrad zu tun, das bei der Begrüßung der Neuankömmlinge mit von der Partie ist:

> die Handglocke des Ausrufers, und wir horchten ernst und verblüfft, wie er durch den Fahrradrahmen erdwärts kaute: »...; ...: ... häzlich einklade.« o meine Sprachgenossen![26]

So weit, so schlecht – ich darf schon einmal verraten, daß das Fahrrad bei Arno Schmidt offenbar ohnehin nur gut wegkommen kann, wenn es entweder durch die Umgebung von Lauban oder – noch viel besser – durch norddeutsche Gegenden gelenkt wird.

Wieder in Norddeutschland ist Arno Schmidt mit dem *Faun*, und folglich wird in diesem Roman ausdauernd und gern in die Pedale getreten. Die erste der einschlägigen Stellen ist dabei schon nicht so unscheinbar, wie sie zunächst klingt:

---

22 Ebd., S. 230.

23 Arno Schmidt, „Lillis Sonettenkranz“, in Bargfelder Ausgabe, Bd. I/4 (Zürich: Haffmans 1988), S. 161-167, hier S. 162.

24 Vgl. Axel Dunker (Hg.): *Arno Schmidt (1914-1979): Katalog zu Leben und Werk* (München: edition text + kritik 1990), S. 60.

25 Arno Schmidt, *Die Umsiedler*, in Bargfelder Ausgabe, Bd. I/1, a.a.O., S. 261-197, hier S. 273.

26 Ebd., S. 296.

> Fahrräder sollen neuerdings auch Rücklicht und Nummer kriegen : als wenn die an den Unfällen schuld wären! Ich wüßte Besseres: Kein Fahrzeug dürfte einen Motor haben, der es über 40 km die Stunde bewegen könnte : dann wär sofort Ruhe.[27]

Lächerlich? Lächerlich ist hier keineswegs das Fahrrad selbst, sondern nur die angedrohte behördliche Maßnahme, für die unser Held Heinrich Düring denn auch souverän Vergeltung übt mit seinem Vorschlag, der das Fahrrad im Handumdrehen zum wahren Renner der Landstraße machen würde. Wichtiger noch an dieser Stelle aber ist, daß Düring für das Fahrrad das verteidigt, was er persönlich im weiteren Verlauf der Handlung für sich in Anspruch zu nehmen versucht: Anonymität und die Fähigkeit, im Duster der Wälder unsichtbar zu werden. Das Fahrrad kann – ohne Rücklicht und Nummernschild wohlgemerkt! – Düring bei der erträumten Flucht aus der Welt sehr zu Diensten sein.

Daran ändert auch nichts, daß Düring ausgerechnet von seinem Erzfeind, dem Landrat, auf das Rad gesetzt wird, denn schließlich sind auch Dürings sonstige Fluchtmittel sämtlich Erträge seines landratsamtlichen Sondereinsatzes:

> *»Sie haben ein Fahrrad, ja?«:* »Jawohl, Herr Landrat.«, und sah ihn mit ernsten Schüleraugen an, den geliebten Lehrer der Werktätigen: dann soll ich also damit Deinen ganzen Kreis abklappern?!.[28]

Obwohl die Vokabel vom „abklappern“ erneut an das Lächerlichkeitspotential des Fahrrads gemahnt, keimt hier doch schon wieder etwas anderes: in den „Schüleraugen“ blitzen höchst positive Konnotationen auf, die – in Zusammenhang mit der Schülerin Käthe, der „Wölfin“ des Textes – denn auch bald die Oberhand gewinnen:

> *Mit dem Rad an der Aller entlang* (fuhr über Ahlden): [...]
> *Dunkelrot und windwendisch:* der Rock. Ihre langen Beine hoben und senkten die ruhigen Pedalen; und dazu ritt meine Wölfin freihändig und gleichmütig unter den Apfelzweigen voraus, daß es noch mehr himmelschwirrig wurde, als eben zuvor.[29]

---

27 Arno Schmidt, *Aus dem Leben eines Fauns*, in Bargfelder Ausgabe, Bd. I/1, a.a.O., S. 299-390, hier S. 312.

28 Ebd., S. 327.

29 Ebd., S. 336 f.

Wir sind, kein Zweifel, jetzt wieder bei der erotischen Rolle des Fahrrads angekommen, die vornehmlich darin besteht, daß beim Radfahren bestimmte Körperpartien sichtbar werden. Genau dies ist es, was Dürings Frau nicht wünscht, weswegen sie ihrem Mann, als der am Rad herumwerkelt, denn auch ein verhüllendes Kleidungsstück aufdrängt:

> *Rad putzen und ölen* (mit ner alten aufgezwungenen Schürze um): [...] Das Einbauen der Satteltasche hinterher ist das Schlimmste; die sind so konstruiert, daß man grundsätzlich einen Schraubenschlüssel übrig behält![30]

Diese Stelle ist nun freilich nicht unbedingt als negative Sicht aufs Fahrrad zu bewerten, denn die geschilderten Probleme des Ein- und Zusammenbaus belegen doch immerhin, daß das Fahrrad kein simples Spielzeug, sondern ein komplizierter Mechanismus ist, der, wenn er denn funktioniert, wirklich zu den schönsten aller Maschinen gezählt werden darf.

Für Düring ist das Fahrrad durch seine Archivfahrten zudem mit dem gepaart, was Feinsinnigere die „Lebensbahn" nennen würden: *„So fuhr ich* durch die Stücke meines Lebens dahin : auf dem Rad pendelnd. (Ein Gott möchte ich gar nicht sein : viel zu langweilig, so zuerst. N Halbgott, das ja!)."[31] Das eigentlich Erstaunliche an Dürings Fahrradrausch und Fahrraderotik ist nur, daß sie ihm erreichbar sind, obwohl Düring keineswegs zu den Jüngsten zählt. Noch lächerlicher als der Gebrauch von Herrenrädern durch Mädchen und Frauen ist bei Schmidt nämlich grundsätzlich die Benutzung von Fahrrädern durch Menschen, die ein gewisses Alter überschritten haben: „Eine alte Frau, auf ein Fahrrad gestülpt, unsicherte durch Schulkinder."[32] Das Fahrrad hat, wo es adäquat gehandhabt wird, immer etwas mit Jugend zu tun – mit gelebter oder zumindest mit erinnerter Jugend, mit Keckheit und Munterkeit und im Idealfall mit einer gewissen Unbeschwertheit, wie an einer Stelle der „Seelandschaft mit Pocahontas" zu sehen: „Autos kreisten schreiend und prustend um ihre Ecken; unsere Kappen saßen charmant, über Pappelmäulchen und Brauseohren, lustig, wie aufm Fahrrad."[33] Diese Unbeschwertheit ist der ideale, weil auf Freiwilligkeit (und auf Willigkeit) beruhende Anlaß, sich mit einem Fahrrad abzugeben. Andererseits greift manch einer nur zum Fahrrad, weil er sich etwas bes-

---

30 Ebd., S. 343.

31 Ebd.

32 Ebd., S. 371.

33 Schmidt, „Seelandschaft mit Pocahontas", a.a.O., S. 421.

seres nicht leisten kann: ebenfalls in der „Seelandschaft“ fahren „vornehme Affen mit Autos“ zum Zelten und „arme mit Fahrrädern“[34], und Armut scheint auch mit im Spiel zu sein, wenn Schmidt in seinem Widmungsgedicht zur „Seelandschaft“ vom „Radfahren in verblühten Kleidern durch flache Trockenpflanzen“[35] spricht.

Arno Schmidt hat in Bezug auf die unmittelbaren Nachkriegsjahre, die er als mittelloser Schriftsteller und Tandemfahrer im Niedersächsischen verbrachte, von der „herrlichen bösen Zeit vor 49“[36] gesprochen, und die extreme Ambivalenz, die in dieser Formulierung aufblitzt, ist auch in den Konnotationen des Fahrradthemas enthalten: einerseits ist es das Gefährt derer, die für anderes zu klein, zu arm, zu dumm oder zu altmodisch sind, andererseits bietet das Fahrrad diverse Freiheiten, die dem Autofahrer verwehrt bleiben, etwa die, vom festen Weg abzubiegen. Mehr als eine Spur dieser Ambivalenz ist enthalten in der Art und Weise, in der Walter Eggers im *Steinernen Herzen* sinniert: „und ich dachte an meine Meßtischblätter : wie ich damals mit dem Tandem von einem ins andere geglitten war, an kalten grauen vielen, wie alt wie alt“[37]. Alt und nur alt sind die Fotos, die er im Thumannschen Hause in Ahlden entdeckt:

> ‹Vergrößerungen› von Vätern und Müttern unsagbarer Scheußlichkeit: gleich neben mir, im handhohen Stehkragen und wohlplastroniert, hielt Einer mit erkünstelter Furchtlosigkeit ein Velociped von sich ab, Modell 1905, und darunter: ‹Ick bin een echta Berlina›!: Hoffentlich war der aus der Thumannschen Ahnenreihe.[38]

Gewissermaßen Nachfahren im Geiste dieses echten Berliners sind dann womöglich auch die Radfahrer, die Eggers und seinem Chauffeur Thumann bei der Interzonenfahrt nach Berlin „die Autobahn entgegen“[39] kommen – aber allein die strammen Beine seiner Zimmerwirtin Frieda sind für Eggers

---

34 Ebd., S. 397.

35 Arno Schmidt, „Noten auf rotem Grund“, in Bargfelder Ausgabe, Bd. I/4, a.a.O., S. 175 f., hier S. 175.

36 Arno Schmidt, *Der Briefwechsel mit Alfred Andersch: Mit einigen Briefen von und an Gisela Andersch, Hans Magnus Enzensberger, Helmut Heißenbüttel und Alice Schmidt*, hg. v. Bernd Rauschenbach (Zürich: Haffmans 1985), S. 153 (Brief Nr. 167 an Helmut Heißenbüttel).

37 Schmidt, *Das steinerne Herz*, a.a.O., S. 58.

38 Ebd., S. 16.

39 Ebd., S. 62.

natürlich Grund genug, auch wieder auf die erotischen Hilfsdienste des Fahrrads zurückzugreifen:

> *Beim Aufsteigen* (auf s Fahrrad): wieder der kräftige Rücken; das hübsche breite Gesäß, an dem die Schenkel stark und elastisch hebelten: ich legte die Augen um das feste Fleisch, und streichelte es so anerkennend, daß sie nickend zurücklachte. Gleich darauf glitt der schwarze Eisenrahmen mit ihr weg.[40]

Weg gleitet hier leider nicht nur das schwarze Fahrrad mit der üppigen Fracht – fortan entgleitet Schmidt überhaupt das Fahrrad als solches ein wenig und speziell die Fahrraderotik, was wohl doch etwas damit zu tun hat, daß die mentalitätsmäßige Bindung an die Jugend, in deren Refugien das Fahrrad gehört, zusehends abreißt. Möglicherweise spielt auch Arno Schmidts Umzug nach Darmstadt eine gewisse Rolle, denn sicherlich sind die Schmidts in der Stadt nicht mit dem Tandem herumgekurvt, und damit dürfte Schmidts eigene Radfahrerei endgültig an ihr Ende gekommen sein. Zwar findet sich in „Goethe und Einer seiner Bewunderer“ dann noch jener Lobgesang auf das Fahrrad, der meinem Überblick den Titel geliefert hat –

> *Fahrräder: die schönsten Maschinen!:* »Was sind die größten – also auch *unschädlichsten* – Erfindungen seit meinem ersten Tode?« : Schreibmaschine & Aspirin; Glühbirne & Blausiegel! Und eben Fahrräder!!: Ich erklärte ihm das dünnbeinige junge Mädchen überm Gestänge; [...] »Was meinen Sie, was mein ‹Fotoalbum› ‹Tandemfahrten› funkeln wird?!«[41]

–, doch hier geht es nun eher um eine abstrakte Schönheit als um eine Faszination im konkreten Gebrauchssinne, und allein die Tatsache, daß die geliebten „strammen“ Schenkel nun einem „dünnbeinige[n] junge[n] Mädchen“ haben weichen müssen, läßt tief blicken.

---

40 Ebd., S. 34.

41 Arno Schmidt, „Goethe und Einer seiner Bewunderer“, in Bargfelder Ausgabe, Bd. I/2, a.a.O., S. 189-220, hier S. 210. – Vgl. zu dem „‹Fotoalbum› ‹Tandemfahrten›“ auch Arno Schmidt, *Die Gelehrtenrepublik: Kurzroman aus den Roßbreiten*, ebd., S. 221-349, hier S. 317: „In das Exemplar seiner ‹Tandemfahrten›, das er mir schenkte, schrieb er [= der „Erotiker“ Bob Singleton], in eben dieser Beziehung, ein : ‹Fari quae sentias : Speak what You think›.“

Auch in den zur Mitte der fünfziger Jahre entstandenen kürzeren Texten, die immerhin großteils in Norddeutschland spielen, hat das Fahrrad all seine Faszination eingebüßt. „Hinterm Haus, im Schuppen“, steht „Hagemanns Fahrrad“[42], und schon der Umstand, daß Hagemann Stürenburgs Faktotum ist, verweist das Rad hier in die Sphäre des Altmodischen und Lächerlichen. Auch Stürenburgs einschlägige Erinnerung an alte Landvermesserzeiten – „Wir hatten Fahrräder“ – wird sogleich durch ein „wir waren ja sämtlich nicht vermögend!“[43] näher charakterisiert: Armut und nicht Jugend ist der Grund für das Vehikel. In „Todesstrafe bei Sonnenschein“ wird das Fahrrad zum Fortbewegungsmittel für Versehrte herabgestuft, wenn es über das Opfer der Augenlichtbestrafung heißt: „er kann Rad fahren : Tandem!“[44] Noch schlimmer sieht es für das Fahrrad in den Texten des Inselstraßen-zyklus aus: Wendungen wie „ein Radfahrer in Pudelmütze, roter, trat geduckt vorbei“[45] oder „Ein Radfahrer unsicherte rundlichen Tritts, ein Klosett auf dem Gepäckträger“[46] sind naturgemäß nicht dazu angetan, etwas anderes als die lächerliche Seite des Radlertums zu vermitteln. In „Seltsame Tage“ kommt noch hinzu, daß Schmidts Erzählerfigur offenbar einen solchen Grad von Gebrechlichkeit erreicht hat, daß er nicht nur nicht mehr radfahren, sondern Radfahrern auch nicht mehr sicher ausweichen kann: „Über den Gehsteig her fuhr auch gleich ein Radfahrer auf mich zu, als sei meine Stelle leer, und ich schon nicht mehr auf Erden vorhanden!“[47] In dieser Phase des Schmidtschen Werks vermag noch nicht einmal das Vorhandensein von Weiblichkeit auf dem Fahrrad wirklich etwas von der erotischen Rolle dieses Gefährts zu retten. In der *Gelehrtenrepublik* lesen wir: „Zwei Radfahrerinnen flatterten drüben auf ihren Röcken vorbei. Sahen auch neugierig her. Und nochmal über die beblusten Schultern zurück.“[48] Neugieriges Zurückblicken: das ist alles.

Immerhin gewinnt Schmidts Prosa dann genau aus diesem Prozeß des Zurückblickens doch noch einmal die Kraft, sich aufzubäumen und dem Fahrrad ein weiteres – letztes – Mal so etwas wie einen jugendlich-rebellischen Gestus abzugewinnen, nämlich in „Nebenmond und rosa

---

42 Arno Schmidt, „Die Wasserlilie“, in Bargfelder Ausgabe, Bd. I/4, a.a.O., S. 12-15, hier S. 15.

43 Arno Schmidt, „Das heulende Haus“, ebd., S. 20-22, hier S. 21.

44 Arno Schmidt, „Todesstrafe bei Sonnenschein“, ebd., S. 57-59, hier S. 58.

45 Arno Schmidt, „Die Vorsichtigen“, ebd., S. 73-75, hier S. 73.

46 Arno Schmidt, „Am Zaun“, ebd., S. 88-91, hier S. 90.

47 Arno Schmidt, „Seltsame Tage“, ebd., S. 99-102, hier S. 100.

48 Schmidt, *Die Gelehrtenrepublik*, a.a.O., S. 280.

Augen". Erinnern wir uns: jugendliches Rebellieren hatte Schmidt früh in *Brand's Haide* mit dem Fahrrad gekoppelt, und zwar in einer Reminiszenz an die Jünglingsjahre in Schlesien. Eben dieser Konnex wird jetzt nochmals aufgegriffen:

> Wir ergriffen unsere Fahrräder [...] – Als ganzjunger Kerl war ich oft, den Gepäckträger voller Träume, da vorüber geschusselt. – [...] *Also ließen wir* die Räder wieder laufen. [...] Mußt'n dann aber stark Rücktritt nehm'm. –: noch mehr. –). –[49]

Angestachelt von einer letzten Vergegenwärtigung jugendlichen Ungestüms, rafft sich Schmidt in diesem Text tatsächlich zu einem Fall von Fahrraderotik auf, der das, was er von *Brand's Haide* bis zum *Steinernen Herzen* versucht hat, sogar noch übertrifft:

> *Die Nacht war still; der abnehmende Mond* erhellte die Straße; wir ritten auf unseren Fahrrädern dahin. [...] Daß die Dämonin ausgerechnet wieder ein karminrotes haben mußte, die Rohrköpfe gelb=geflammt & wie mit Rachfloren umwickelt, hatte ich ihr vergebens verwiesen[50]

Zum ersten und leider auch zum letzten Mal hat man hier das Gefühl, Schmidt nähere sich einer Fahrraderotik im eigentlichen Sinne: einer Erotik, die das Fahrrad nicht als Hilfsmittel, sondern geradezu als Gegenstand der Begierde begreift. Hier wäre es wieder an der Zeit, zu Beckett überzulaufen, denn bei dem gibt es all das: einen jungen Mann etwa, der ein geiles Mädchen sitzen läßt, weil er ein blitzblankes Fahrrad im Gras liegen findet, oder einen alten Mann, für den das Betätigen der Fahrradhupe „fast eine Wollust" ist.[51] Bei Schmidt hingegen erschöpft sich das erotische Potential üblicherweise und hochtraditionell darin, daß dieses Gerät die auf ihr reitende Damenwelt zum Zeigen von Haut und Fleisch zwingt. In der

---

49 Arno Schmidt, „Nebenmond und rosa Augen. (Nr. 24 aus der Faust=Serie des Verfassers)", in Bargfelder Ausgabe, Bd. I/4, a.a.O., S. 135-140, hier S. 139 f. – Kleine Frage am Rande: ist es völlig abwegig, beim Untertitel dieser Erzählung wiederum den Vornamen des Radrennfahrers Fausto Coppi zu assoziieren?

50 Ebd., S. 135.

51 Vgl. Samuel Beckett, „Fingal", in *Mehr Prügel als Flügel*, üb. v. Christian Enzensberger (Frankfurt a.M.: Suhrkamp 1989), S. 21-34, hier S. 31; sowie Samuel Beckett, *Molloy*, üb. v. Erich Franzen (Frankfurt a.M.: Suhrkamp 1975), S. 18.

zitierten Passage aus „Nebenmond und rosa Augen“ immerhin scheint es so, als schwinge sich das Fahrrad zumindest für die „Dämonin“ vom erotischen Hilfsgerät zum Sexualobjekt auf – und man kann zumindest den Verdacht kriegen, der naheliegende Gedanke, die Schenkelbewegung auf dem Rade habe etwas mit dem Liebesakt zu tun, sei Schmidt nun auch endlich gekommen.

Falls Schmidt dieser Gedanke gekommen sein sollte, versteckt er ihn noch jahrelang ganz hervorragend. In *Kaff auch Mare Crisium* wird das Fahrrad zwar wiederum in einer Jugendreminiszenz ausgekramt, spielt dabei aber eine denkbar unwürdige Rolle – der Erzähler der Mondhandlung flickt seinen Raumanzug und sinniert: „Bei diesem Flickzeuk mußte ich immer unwillkürlich an die ‹Fahr=Räder› meiner irdischen Juugnt denkn: das hatte fast genau so ausgesehen .....“[52] Noch schlimmer sieht's in „Der Sonn' entgegen .....“ aus, wo die rebellische Jugend- noch weiter auf die puerile Kindheitszeit zurückgeschraubt wird:

> Der Kleinejunge, auf seinem Miniaturfahrrad, stört durch Dazwischen=Rumfahren: die Lange holt dianen aus – und trifft ihn genau auf dem Kopf, sodaß er vom Mikrorad torkelt: ! Alles lachte.[53]

Lachhaft ist das Fahrrad – in ganz ähnlicher Funktion – auch in „Caliban über Setebos“, wo es über diverse „Buben & Bübinnen“ heißt:

> Der künstelte kühner auf seinem Velociped dahin; Jener stand Kopf auf dem Prellstein; flüchtige Mädchenblicke lohnten ihnen, (und mehr Hahnensporen sproßten, wachsende Apparate, knabenstolz).[54]

Schon allein der Begriff „Velociped“ (den wir bereits aus dem *Steinernen Herzen* kennen und einzuschätzen wissen) zeigt an, daß hier das Fahrrad nur noch in Lächerlichkeitsfunktion seine Kreise zieht, und ähnlich klingt die Rede vom „unzeitigen Bicycleten“ samt seinem „beinerne[n] Geschepper“[55] in „Schwänze“. Hier klingt allerdings zusätzlich so etwas wie Todesnähe an, denn gemeint ist „Jakob, der Arme“, der „ständig an seinen schwarzen Anzügen herumzubürsten“ hat – „das Radfahren auf den staubigen Landstraßen und Bauernwegen griff ihn allmählich auch über Gebühr an.“[56] Es

---

52 Arno Schmidt, *Kaff auch mare Crisium*, in Bargfelder Ausgabe, Bd. I/3 (Zürich: Haffmans 1987), S. 7-277, hier S. 199.

53 Arno Schmidt, „Der Sonn entgegen.....“, ebd., S. 293-311, hier S. 305.

54 Arno Schmidt, „Caliban über Setebos“, ebd., S. 475-538, hier S. 490.

55 Arno Schmidt, „Schwänze“, ebd., S. 313-333, hier S. 322.

56 Ebd., S. 316.

sieht so aus, als stehe dem Fahrrad nur noch die Alternative offen, entweder zu jugendlichen Albernheiten mißbraucht zu werden (in „Die Abenteuer der Sylvesternacht" gilt das Werfen mit Fahrradreifen als „'ne ganz normale Belustijunk der Bauern=Jungen"[57]) oder senile Tattergreise herumzugondeln, bis die entleibt in den Staub sinken: das bereifte Rad als Hilfsmittel der Un- und der Überreifen?

Insgeheim scheint das Fahrrad als ebenso schlichte wie effektive Maschine für Arno Schmidt aber doch auch ein Mittel des gesunden Widerstandes gegen Technikfeindlichkeit auf der einen Seite und Übertechnisierung auf der anderen Seite gewesen zu sein. Im Lewis-Carroll-Essay „Sylvie & Bruno" schreibt er: „der Vertreter der modernen Literatur kommt ja erstens nicht im Hubschrauber an, (manchmal besitzt er 1 Fahrrad)"[58]; das macht das Fahrrad zwar wiederum zum Ausweis von Armut (auch der von Schmidt selbst erlittenen), wäre aber auch zu verbinden mit der Aussage ziemlich zu Beginn von *Zettel's Traum*: „Ich,als tapferer Barbar, ehre Glühbirnen & Fahrräder.Und überlasse den DP's ihre 'Flucht aus der Zivilisation' – : im Auto!"[59] Ganz im Sinne der schwärmerischen *Goethe*-Stelle („Fahrräder: die schönsten Maschinen!"), wenn auch im Ton nun wesentlich nüchterner, beruft sich Daniel Pagenstecher auf das Fahrrad, wenn er zumal Wilma sein Realitätsprinzip entgegenstemmt:

> Die Literatur der Alten hat nichts hervorgebracht, das sich auch nur entfernt vergleichen ließe mit JAMES JOYCE – [...] / Oder was habm POE's (& Deine!) beliebtn 'Ägypter' entgegnzusetzn : 1 1oo=Watt=Birne?; 1 Radio; 1 Fahrrad; 1 Schreibmaschine; oder Meinem ZEISS=Glas?[60]

Das entspricht ganz der Formulierung aus „Caliban über Setebos", Sternbilder mit nüchternen Bezeichnungen wie „Fahrrad" oder „Schreibmaschine"[61] zu versehen – und das läuft darauf hinaus, das, was früher gelegentlich als

---

[57] Arno Schmidt, „Die Abenteuer der Sylvesternacht", ebd., S. 455-475, hier S. 463.

[58] Arno Schmidt, „Sylvie & Bruno: Dem Vater der modernen Literatur ein Gruß!", in Bargfelder Ausgabe, Bd. III/4 (Zürich: Haffmans 1995), S. 246-264, hier S. 251.

[59] Arno Schmidt, *Zettel's Traum* (Stuttgart: Goverts Krüger Stahlberg 1970), S. 16 mm.

[60] Ebd., S. 353 mu.

[61] Schmidt, „Caliban über Setebos", a.a.O., S. 512.

Zeichen von Armut oder gar Armseligkeit belächelt wurde, nun zum Ausweis von Bescheidenheit zu machen.

Wie eine Parodie auf den großen Autor, der nichts weiter braucht als eine Glühbirne, ein Radio, ein Fahrrad, eine Schreibmaschine und ein Fernglas, um sein großes Werk zu schaffen, wirkt „der jungefremde Mann“, der „sein Fahrrad bereits zum drittnmale an Meinem Zaun entlang“ schickt: „Der übliche hochtragnde knospmde Autor“[62], dessen Fahrrad perfiderweise „mit HülfsMotor“ ausgestattet ist – „Besser als Eens mi’’m langn Mercedes, sicher.“[63] Ansonsten sind es hauptsächlich Leserinnen (das Geschlecht scheint hier wichtig!), die stets auf Fahrrädern Pagenstechers Haus umschwirren: „2 Mäd’l mit Rädern : die Dein’=Nâm’m rufn“[64]; „ein Mägdlein [...] (Radlerin), das durch’s Fensterbild schwob, (‘ohne zu treten’)“[65].

Wie in den Jahren zuvor, greift Arno Schmidt auch in *Zettel's Traum* bisweilen auf Fahrräder zurück, um Kleinjungenalbernheiten zu kennzeichnen: von „kleinen Jungen auf den winzijen Fahrrädern“[66] ist die Rede, und später taucht „Ein BauernJunges, das ein fahrRad trât“[67], auf. Offenbar auch um eine Art von Kleinjungenspielen geht's, wenn ein Soldat ein Fahrrad „requiriert“:

> (um noch geländegängijer zu werdn)...(?) – : natürlich hat der Bauer ne Quittung erhaltn, steht groß & breit ‘NATO’ drauf! (‘‘war übrijns ne Bäue’rin) : ’falls sie sonst noch Forderungen hätt, solltn wir sie befriedijn.’; befahl er.[68]

Schließlich wird das Fahrrad noch einmal zum Ausweis von Armseligkeit gemacht, wenn „Der KlempnerLadn“ inventarisiert wird: „2 Fahrräder.“[69]

Zettel's Traum bringt aber auch – wen wundert's? – das Comeback des Fahrrads als Erotikon, wenn auch – wen wundert's? – auf eine weit weniger unbeschwerte Weise als in Schmidts Frühwerk. Noch am ehesten mit der Fahrraderotik von *Brand's Haide* bis zum *Steinernen Herzen* vereinbar ist der sensualistische Appell eines Reklamefotos: „auf einem weißn Tandem 2

62 Schmidt, *Zettel's Traum*, a.a.O., S. 386 mm-mu.
63 Ebd., rm.
64 Ebd., S. 704 mm.
65 Ebd., S. 732 mo.
66 Ebd., S. 794 mo.
67 Ebd., S. 1120 mu.
68 Ebd., S. 1132 mu.
69 Ebd., S. 973 mm.

RadleRinn'n? Vorn ne Lange=Schwarze : hintn die kleine=ziere Weiße. (Motto: 'Wenn ein Mann BLACK & WHITE sieht ...'"[70]

In gewisser Weise der erotischen Rubrik zuzurechnen sind natürlich auch die radelnden Verehrerinnen von Daniel Pagenstecher; Franziska, die sich über diese ärgert, hat immerhin schon Erfahrung mit radelnder Verehrung, wie ihr Vater Paul weiß: „Sicher hält dann & wann ma n Junge uff'm Fahrrad vorm Haus; und schaut 5 min lang verehrend hoch. Aber wenn's was Ernsthaftes gäbe?wüßt Ich's via=Christa."[71] Wichtiger aber ist, daß ein Fahrrad eine gewisse Rolle in der Geschichte der von Sexualnöten und LGs bestimmten Beziehung zwischen Franziska und Daniel Pagenstecher gespielt hat. Franziska erinnert sich:

> – Und den Weihnachtn, gleich=darauf, kam erst das kleine=englische Fahrrad – (: die=Andern sind grün=&=gelb gewordn vor Neith!); und=noch=dazu, (in ei'm EILBOTN=PappKartong) die alte KleinSchreibMaschine : ! – und am HeiljnAbmd kam Deine Stimme!![72]

Wie sehr gerade das geschenkte Fahrrad bei Franziska eingeschlagen hat, gibt Mutter Wilma preis, als sie Pagenstecher ein Dia zeigt, auf dem Franziskas Freundin Christa mit dem Rad posiert:

> D's Dìa hat übrijns LiebhaberWert : 1. weil de Christa mal=nich de Beine b'reit macht; [...] – Und, 2., weil Meine Tochter ma für 30 sec (= für de Aufnahme) Ihr Fahrrad verborgt hat : dàs=Theater als das seinerzeit kam!; (das hatt'Ich ooch noch nie gesehn, daß man n Fâhrrad küßt!)[73]

„LiebhaberWert", in der Tat.

Der Konnex zwischen dem Beinebreitmachen und dem Fahrrad versteht sich von selbst: ein Fahrrad muß geritten werden, und der erotischen, um nicht zu sagen sexualtechnischen Dimension dieser Tatsache wird sich in *Zettel's Traum* endlich auch der Über-Freud Arno Schmidt bewußt. Der erste Ansatz in diese Richtung stammt seltsamerweise von Paul, der, als ihm die sehr passive Sexualpraktik namens „Karetza" erklärt wird, meint: „das kommt Ma vor, wie wenn Eener 'Radfahr'n' empföhle : aber ohne zu tretn.

---

70 Ebd., S. 1318 ru.
71 Ebd., S. 1134 mm.
72 Ebd., S. 726 ru.
73 Ebd., S. 1211 mm-mu.

Da=für sollt' Ich, m^{itt}/$_{\text{üd}}$n im Sattl, n Psalm uffsagn : ?!–“[74] Schmidt braucht aber bis zur Seite 754 von *Zettel's Traum*, um das Naheliegende endlich deutlich auszusprechen, und zwar unter Rückgriff auf den „Eideshelfer“ Hirschfeld: „TraktorenIpsation“ sei

> zur großn Untergruppe der Rüttl=Co'nsolatorien zu zählen; wie etwa Fahrrad, Klein= & NebmBahnen, Pferde: [...] Verschiedentlich teilten mir Personen mit, daß ihre Vorliebe für das 'Reiten' auf der lusterregenden Erschütterung ihrer Genitalien beruhe. [...] : HI i,266[75]

Die Nutzanwendung folgt zweihundert Seiten später: „Radfahrerinnen râdln sich, auf der Heimfahrt, ein'runter, ('Koppsteinflaster bevorzugt') ...“[76] Die rechte Spalte ergänzt: „all diese virtuosn Figgerspielerinn' : Klavier, Schreibmaschine, ZupfGeigen im puzzycato“[77]. Was das für Daniel Pagenstechers unschuldige Geschenke an die knospende Franziska bedeutet, liegt wohl mehr als klar auf der Hand.

Seltsam ist nun, daß Schmidt in *Zettel's Traum* diese endlich zum Vollzug gebrachte Fahrraderotik nicht mehr – wie früher – mit jugendlicher Rebellionslust paart, sondern sie anbindet an den puerilen Radgebrauch, der zuvor doch immer eher in die Sparte des Lächerlichen fiel:

> Ebm kam auch jenes Dämchen von ihrem HexnRitt zurück; ihr Echauffeur warf sein Rad um, auf die Seite; und hopsde sogleich, auf 1 Bein, auf ein anderes (nichtminder=stößijes) KleinKnäblein zu[78]

Vor diesem Hintergrund ist es dann allerdings kein großes Wunder mehr, daß Schmidt auch in *Abend mit Goldrand* die menschlichen Entwicklungsphasen reichlich durcheinanderbringt und eine allzu frühreife Sexualität mit einem allzu unreifen Gebrauch des Fahrrads in eins setzt:

> Ein Tandem? mit 'm Kielwasser von Guitarrenklang? – : 2 bärtije Kerle tretn, (ein Jeder das düstre Double des Andren); auf dem

---

74 Ebd., S. 357 mo.
75 Ebd., S. 754 ru.
76 Ebd., S. 958 mo.
77 Ebd., ro.
78 Ebd., S. 987 mm.

> Gepäckträger ein Stühlchen, mit einer $^{4}/_{4}$ nacktn MehrfachWitwe von 11 Jahren: sie spielt & kräht [...].[79]

Wir haben etwas vorgegriffen, doch das macht nichts, denn die *Schule der Atheisten*, die vor dem *Abend mit Goldrand* dran wäre, bringt nicht wirklich etwas in Sachen Fahrrad – oder sie bringt doch höchstens einen Rückschritt. Kolderup hat noch „FahrRäder, id Garâsche“[80], aber er fährt selbstredend nicht mehr. Das Lob der Schlichtheit des Fahrrads wird ein wenig ausgehöhlt, wenn von „primitiven ›StahlWaren‹“ die Rede ist, „die vd SuperTechnikern *nicht*=mitgebracht werd’n; – [...] vor Allemallem : NÄGELSCHRAUBEN NÄGELSCHRAUBEN NÄGELSCHRAUBM! (*Und* Fahrräder, samt ErsatzTeil’n!) –“[81] Und dann gibt’s auch noch wieder ein Zerrbild fahrradelnder Lächerlichkeit – wieder einmal ist es eine Frau auf dem Rade, genauer gesagt eine „ÜberFette auf Fahrrad: zu beidn Seitn d Sattels hängt ihr, wie PackTaschn, der Hintern ’’runter! –“[82] Das klingt wie eine ganz böse Parodie auf die erwünschten prallen Weiblichkeiten, speziell den erwünschten üppigen Hintern, des Frühwerks.

Abend mit Goldrand beschert uns neben der bereits vorgeführten nackten Elfjährigen auf dem Tandem ein paar Jugendreminiszenzen sowie einen okkulten Fahrradgebrauch, nämlich durch Ann’Ev’, die erklärt:

> (Oder im Bildband ›Dublin‹, ›Genealogisches Museum‹, S. 35): »Wem gehört das leere Fahrrad? – (?): Oh; ich könnt’s rauskriegn, wenn ich mich drauf concentrirte: ich kann weissagn!«[83]

---

79 Arno Schmidt, *Abend mit Goldrand: eine MärchenPosse: 55 Bilder aus der $L^{ä}/_{E}$ndlichkeit für Gönner der VerschreibKunst*, in Bargfelder Ausgabe, Bd. IV/3 (Zürich: Haffmans 1993), S. 128.

80 Arno Schmidt, *Die Schule der Atheisten: Novellen=Comödie in 6 Aufzügen*, in Bargfelder Ausgabe, Bd. IV/2 (Zürich: Haffmans 1994), S. 208.

81 Ebd., S. 274.

82 Ebd., S. 237.

83 Schmidt, *Abend mit Goldrand*, a.a.O. S. 73. – Das fragliche Foto findet sich in dem in Schmidts Nachlaßbibliothek vorhandenen (Gätjens Nr. 922.2) Bildband von R.S. Magowan, *Dublin and Cork: A Book of Photographs* (London: Spring Books 1961), S. 35 (das „Genealogical Museum“, heute Genealogical Office, ist Teil des Dubliner Schlosses); vgl. das Faksimilie der entsprechenden Bildtafel samt Legenden auf der folgenden Seite.

The Genealogical Museum in Upper Castle Yard. The courtyard was called the 'Devil's Half-Acre' because of the tortures which took place there in the rising of 1798

Abbildung in R.S. Magowan, Dublin and Cork: A Book of Photographs *(London: Spring Books 1961), S. 35.*

Die zentrale Erinnerung an Arno Schmidts Jugendzeit in Schlesien wird Olmers in den Mund gelegt, der nun den Bogen zurück schlägt zur ersten zentralen Fahrraderinnerung in *Brand's Haide*, aber auch zu deren Wiederaufnahme in „Nebenmond und rosa Augen“:

> Nachmittags setzt' ich mich aufs Fahrrad – (sonn hellgelb=rot lackierter ›HalbRenner‹) – : n Stück die HohwaldChaussee raus, (bis ein Forst anfing); auch wohl mal (aber seltner) nach MARKLISSA; oder GOLDENTRAUM, (der Talsperre vom ›Wassermann‹); am meistn noch fuhr ich Schwimm'm, in die ›QueisbadeAnstalt‹ ...[84]

Die wichtigste Fahrradstelle in *Abend mit Goldrand* aber bezieht sich auf Martin Schmidt, dem ein bei aller Fahrradpräsenz in Arno Schmidts Werk zum Glück höchst seltenes Mißgeschick passiert:

> von Klappendorf her, ein Radler: ?! – [...] *Und* hintn auf'm Gepäckträger 'n großn=weiß'n BriefUmschlag. [...] Wie'n verschämter ›Steher‹. [...] FRIDOLINE (schreit auf): »Er stürzt!!!«; [...] Auch der Junge steht wieder; sein aufgerichtetes Rad id Händen. Er zerrt den weiß'n Umschlag unterm Gepäckträger hervor: – / Sie nimmt ihn.[85]

„Steher“ ist ein Fachbegriff aus dem Rad*sport* und damit eigentlich einer terminologischen Sphäre angehörig, derer sich Schmidt nicht gerne bediente. In Verbindung mit den Formulierungen „der Junge steht wieder“ und „sein aufgerichtetes Rad id Händen“ möchte ich denn auch vorschlagen, hier eine Sexualunterfütterung der Begrifflichkeit anzunehmen: Martin, in dessen Umschlag sich Arno Schmidts Frühwerk vom „Pharos“-Leuchtturm befindet, erbringt ganz offensichtlich gleich einen doppelten Potenzbeweis – wie schön, daß das zuvor arg gebeutelte Fahrrad dazu auch noch imstande ist. Immerhin hatte es in *Zettel's Traum* schon von einem blauen Fahrrad „mit Orang'n= Sattl“ geheißen, es „stand von selbst & hatte 1 dünnes= blankes Füßlein abgespreizt : /(–“[86] Ganz offensichtlich wird das Fahrrad bei Schmidt zwar spät, aber nicht zu spät doch noch zu dem „bisexycle“[87], als das es nicht umsonst in *Finnegans Wake* von James Joyce auftaucht.

---

84 Ebd., S. 152.

85 Ebd., S. 214 f.

86 Schmidt, *Zettel's Traum*, a.a.O., S. 1140 ro.

87 James Joyce, *Finnegans Wake* (London: Faber 1975), S. 115. – Man wird mir hoffentlich nachsehen, daß ich den Originaltext zitiere und nicht Dieter H. Stümpels deutsche Untersetzung.

Auch im *Julia*-Fragment, dem letzten, was Schmidt schrieb, bleibt das „bisexycle" keineswegs aus. In der „großen Pause" erfahren wir, wie's die Pennälerinnen treiben: „»'Ch üb' schon immer: mi'm Orgasmus=Slip o=ho=hoch!!!« (Fahrrad & Koppsteinflaster; da wirkt's dopp'lt!)"[88] Aber auch die männliche Schuljugend scheint aktiv: „Knabe auf Fahrrad, circling the square, voll bus(ch)iger Träume."[89]

Naturgemäß findet sich im *Julia*-Fragment Schmidts letzte Fahrradstelle überhaupt, und auch sie schlägt einen Bogen zurück, nämlich zu Schmidts (relativ unschuldiger) Fahrraderotik der fünfziger Jahre – sprich: zu den Beinen weiblicher Pedaltreter. Die Tausendeins „wirft sich auf ein rostreiches Fahrrad & quietscht von dannen.....", und Rauch murmelt anerkennend: „Schöne Beine. – Und schöne Moral......"[90] Ungleich wichtiger ist aber eine Radlerin, die kurz zuvor durch den Text strampelt – „'s kommt 'n Fahrrad hinter Uns.....?"[91] hören wir zunächst etwas kryptisch, und eine Seite später sieht die Tausendeins „ein leeres Fahrrad, das einen virtuosen engen Kreis beschreibt."[92] Noch eine weitere Seite später verstummt die Tausendeins „und sieht dem Fahrrad zu : wie sich das da so leger selbst ad Zaun lehnt – rücksichtsvoll zu JHERING) : »Ich glaub, man will Sie sprechen...«"[93] Natürlich ist es nicht das Fahrrad, das Jhering sprechen will, sondern es ist die unsichtbar gewordene Julia (bei der wir höchstens fragen sollten, wann sie wohl das Fahrradfahren erlernt hat), und natürlich ist dies ein fast perverser Gipfel der Schmidtschen Fahrraderotik: das Fahrrad, von weiblichen Schenkeln getreten, bewegt sich noch, doch dem lüsternen männlichen Blick zeigt sich weder stramme Wade noch fester Hintern.

Und was beim Thema Fahrrad, das immerhin ein zyklisches Gerät ist und dessen bewegliche Teile immer wieder an den Ort, von dem aus ihre Bewegung den Ausgang nimmt, zurückkehren, noch wichtiger ist: mit dem von Julia gelenkten, scheinbar leeren Fahrrad kehrt auch Arno Schmidt an einen Anfang zurück. In *Brand's Haide* berichtet Pfarrer Schrader, was er für Aberglauben hält:

---

88 Arno Schmidt, *Julia, oder die Gemälde: Scenen aus dem Novecento*, in Bargfelder Ausgabe, Bd. IV/4 (Zürich: Haffmans 1992), S. 25.

89 Ebd., S. 42.

90 Ebd., S. 135.

91 Ebd., S. 130.

92 Ebd., S. 131.

93 Ebd., S. 132.

> »[...] Erst neulich hat Einer gesehen [...] wie sein abgestelltes Fahrrad allein ein Stück die Schneise hinauffuhr und wieder zurück kam ....« (Ich nickte anerkennend: das hätt ich mal sehen wollen!)[94]

Ich übrigens auch, das können Sie mir glauben, denn es ist ein wahres Mysterium, wenn das Fahrrad Unsichtbarkeit sichtbar macht. Die „schönsten Maschinen“, ihre kreiselnden Bahnen ziehend in einer von den Menschen entvölkerten Welt, in der sich deshalb trefflich phantasieren ließe – war vielleicht das ein LG von Arno Schmidt? Sie sehen mich nicht radlos, aber ratlos.[95]

---

94 Schmidt, *Brand's Haide*, a.a.O., S. 167.

95 Noch ratloser wäre ich gewesen ohne die Unterstützung durch Peter Wörz, der mir sein leider unveröffentlichtes Register zu den Werkgruppen I und II der Bargfelder Schmidt-Ausgabe zugänglich machte, und durch Bernd Rauschenbach, der mir vorab aus der CD-ROM der Bargfelder Ausgabe die einschlägigen Stellen übermittelte. Wenngleich es im vorstehenden Beitrag nicht darum gehen konnte, alle Schmidtschen Fahrradstellen lückenlos zu zitieren, war es naturgemäß doch wichtig, die Stellen erst einmal zu sichten. Peter Wörz und Bernd Rauschenbach gilt daher mein Tandemdank.

Mit dem Tandem nach Hamburg

Korrektur einer Arno-Schmidt-Legende

Die Legende, um deren Überprüfung und Korrektur es hier gehen soll, gehört seit fast fünfzig Jahren zum festen Bestand der Anekdoten um Arno Schmidt. In verknappter Form hat sie Eingang ins biographische Grundgerüst gefunden und lautet dann folgendermaßen: „**1949** radelt er nach Hamburg, um Ernst Rowohlt und den Lektor Kurt W. Marek (C. W. Ceram) im Rowohlt-Verlag zu treffen."[1] Erstmals öffentlich lanciert wurde sie 1967 von Walter Kiaulehn in dessen Buch *Mein Freund der Verleger*, und zwar in folgender Gestalt:

> Wie für alle Lektoren, die Ernst Rowohlt beschäftigte, war es auch für Kurt W. Marek immer wieder überraschend, zu erleben, wie grundanders Rowohlt Menschen und Dinge empfand, als man es erwartet hätte. Als Marek das erste Stück eines Manuskripts ‚*Leviathan*' gelesen hatte, war er von der geradezu revolutionären Sprache des Verfassers, eines ihm völlig unbekannten Arno Schmidt, so hingerissen, daß er ihn brieflich bat, nach Hamburg zu kommen. Er kam und zeigte sich als Athlet mit Denkerstirn, mit geballten Fäusten saß er im Besucherstuhl. Er eröffnete das Gespräch mit einer Reihe von mittelschweren Beleidigungen, die sich fünf Minuten später bis zur Unerträglichkeit steigerten. Wäre dieser schimpfwütige Schmidt nicht tatsächlich der Verfasser der Genieprosa des ‚*Leviathan*' gewesen, hätte Marek ihn aus Gründen der Selbstachtung aus dem Kontor feuern müssen. So jedoch wollte er Rowohlt entscheiden lassen, was hier zu tun sei, denn Rowohlt hatte das Manuskript gelesen. Doch Rowohlt war nicht da, und so tat Marek, was wahrscheinlich Rowohlt getan hätte, er lud Schmidt zum Essen ein. Schmidt saß auch am Tisch mit geballten Fäusten, trank einen Steinhäger nach dem anderen und wiederholte seine Injurien. Ein Genie wie er müsse in Armut leben, während die Verleger, wie man ja sähe, sich in Wohlleben wälzten. Marek berichtete

---

1 *Text + Kritik* 20/20a: *Arno Schmidt* (München: edition text + kritik [4]1986), S. 198. Ebenso auch in Axel Dunker (Hg.), *Arno Schmidt 1914-1979. Katalog zu Leben und Werk* (München: edition text + kritik 1990), S. 8.

> Rowohlt von seinem Abenteuer. Rowohlt hörte sich alles an und sagte: „Demnächst kommt Ledig nach Hamburg. Dann laden Sie Schmidt noch mal ein, und zwar in ein besonders gutes Restaurant. Ich will doch mal sehen, wie sich Schmidt gegen Ledig verhält." Ledig kam und Marek lud Schmidt nebst Frau in das Restaurant Jacob nach Blankenese ein. Marek war ganz verblüfft, als er erlebte, daß diesmal alles ganz anders und äußerst höflich verlief. Lag es an der Frau oder gar daran, daß diesmal ein Verleger, nicht der Lektor, der Gastgeber war? Marek brauchte nicht lange zu grübeln. Als der Nachtisch kam, ließ Schmidt einen Sturzbach von Beleidigungen auf Ledig niederbrausen. Der versuchte ihn abzustellen oder wenigstens zu bremsen; als es vergeblich war, wurde Ledig immer ruhiger und blasser, sagte nur manchmal „Na, na!" und hörte sich gefaßt alles an. Der Abschied war frostig. Vor der Tür von dem hübschen Restaurant Jacob bestieg Schmidt mit seiner Frau ein Doppelfahrrad, ein „Tandem", und radelte zurück in sein Heidedorf.
>
> Ledig und Marek erstatteten Rowohlt ihren Bericht; er hörte ihn zunächst wortlos an, doch als Marek ihn fragte: „Na, wie finden Sie es denn?" antwortete Rowohlt: „Alter Marek, Sie haben mir den bisher ganz falsch geschildert. Das ist ja menschlich ein hochinteressanter Autor. Wenn er nur gegen Sie beleidigend gewesen wäre, hätte ich ihn einfach für einen Flegel gehalten. Daß er aber auch meinen Sohn beleidigt, zeigt doch, daß er ein Charakter ist!"[2]

Daß hier im Detail nicht alles stimmen kann, zeigt sich schon an der Formulierung „Als Marek das erste Stück eines Manuskripts ‚*Leviathan*' gelesen hatte", denn Schmidt hatte ursprünglich (im Januar 1948) keineswegs ein Manuskript mit allen drei Erzählungen des *Leviathan*-Bandes bei Rowohlt eingereicht, sondern lediglich einen einzelnen Text, die spätere Titelerzählung. Solche Ungenauigkeiten in Kiaulehns Darstellung sind darauf zurückzuführen, daß Kiaulehn über Geschehnisse schreibt, bei denen er nicht selbst dabei war; der Passus ist in weiten Teilen seine Paraphrase eines Abschnitts aus dem Manuskript „Erinnerungen an Ernst Rowohlt" des ehemaligen Rowohlt-Lektors Marek. Die entsprechende Passage dieser Erinnerungen wurde ebenfalls 1967 in einem zunächst nicht in den Handel gelangten Sonderband von „Rowohlts Monographien" gedruckt; dies ist die eigentliche Urfassung der Anekdote:

---

2 Walter Kiaulehn, *Mein Freund der Verleger. Ernst Rowohlt und seine Zeit* (Reinbek: Rowohlt 1967), S. 243-245.

> Bald darauf entdeckte ich einen Autor auf andere Weise [als Walter Jens]. Das Unwahrscheinlichste, was einem Lektor passieren kann, geschah: das Manuskript befand sich unter der täglich eingehenden Post!
>
> Der Mann hieß Arno Schmidt und das Manuskript ‚Leviathan‘. Es war das tollste Stück Genie-Prosa, das ich je sah. Ich gierte drauf, den Autor zu sehen. Er kam, ein Athlet mit Denkerstirn. Er saß mit krampfhaft geballten Fäusten vor mir auf dem Stuhl. Man mußte jeden Augenblick gewärtig sein, daß er einen anspringt. Er eröffnete das Gespräch mit Injurien. Wenn der Mann nicht dieses unwahrscheinliche, dieses sprachlich geradezu glühende Stück Prosa eingesandt hätte, hätte ich ihn nach fünf Minuten rausgeschmissen. Aber hier war ein großer Autor! Ich traf ihn später noch zweimal, immer dasselbe, Injurien, deren Haupttenor war, daß ein Genie wie er in Armut leben müsse. Ich erzählte Rowohlt von ihm. Schließlich wollte er ihn sehen. Wir luden ihn mit Frau nach Hamburg. Verabredung: Restaurant ‚Jacob‘ in Blankenese. Alles ging gut bis zum Dessert. Da legte Schmidt los ... Es war ein Wasserfall von Beleidigungen, wüsten Beschimpfungen ... Rowohlt, der im Anfang versucht hatte, zu stoppen, wurde immer ruhiger, bleicher, hörte sich alles an, immer nur ‚Na, na ...‘ sagend.
>
> Dann brachen wir auf. Äußerst frostig nahmen wir Abschied vor der Tür – und Schmidt stieg mit seiner Frau auf ein T a n d e m – wirklich und wahrhaftig, das gab es noch. Er war auf diesem Tandem mit seiner Frau aus einem Heidedorf bis nach Hamburg gekommen!
>
> Ich sagte: ‚Nu, wie finden Sie ihn!‘ Und Rowohlt blickte mich mißbilligend an: ‚Hören Sie mal, den haben Sie mir aber ganz falsch geschildert! Das ist ja ein menschlich hochinteressanter Autor!‘‘[3]

Die Parallelität mehrerer Formulierungen zeigt, daß sich Kiaulehn an diesem Bericht orientiert hat, den er aber offenbar um Informationen aus anderer Quelle ergänzte, denn sonst sind die erheblichen Diskrepanzen nicht zu erklären – in Mareks Darstellung ist es Ernst Rowohlt selbst, der von Schmidt im Restaurant Jacob beschimpft wird, Kiaulehn zufolge wird Rowohlts Sohn Heinrich Maria Ledig Opfer der Beschimpfungen, und überhaupt ist Kiaulehns Darstellung ausführlicher und scheint in mancher

---

3 Paul Mayer, *Ernst Rowohlt in Selbstzeugnissen und Bilddokumenten* (Reinbek: Rowohlt 1967), S. 163.

Hinsicht präziser, liest sich punktuell beinahe wie eine stillschweigende Korrektur der Erinnerungen Mareks. Einig sind sich beide Versionen in dem entscheidenden Punkt, Schmidt und Frau seien auf Einladung des Verlags per Tandem nach Hamburg gekommen, und Schmidt habe sich dann beim opulenten Essen danebenbenommen.

Aber kann das überhaupt stimmen? Der heutige Kenntnisstand zu Schmidts Lebensumständen in den Nachkriegsjahren bis 1950, als er auf dem Mühlenhof Cordingen bei Walsrode wohnte, gibt zu erheblichen Zweifeln Anlaß.

Dies betrifft zunächst einmal das Erscheinen per Tandem, das als Kuriosum in fast allen Berichten über Schmidts Verlagsbesuche auftaucht – noch bei Schmidts Tod erinnert sich sein ehemaliger Verlagskollege Walter Jens:

> *Ich habe Angst vor ihm*, pflegte Ernst Rowohlt zu sagen, *und ob Sie's glauben oder nicht, sogar der alte Marek fürchtet sich, wenn der Kerl, Madame hinten drauf, mit seinem Tandem angeradelt kommt. Aber so grimmig er tut, immer abweisend und auf Distanz: Der Bursche ist ein Genie. Ich bin mir da sicher, und Marek ist es schon lange.*[4]

Daß die Tandemfahrten so abgelaufen seien, daß Alice Schmidt hinten saß, hat Friedrich Neuhausen bereits umfassend widerlegt[5]; ich möchte aber die noch grundlegendere Frage stellen, ob Schmidt überhaupt jemals bei Rowohlt „mit seinem Tandem angeradelt" gekommen sei. Diese Frage ist verbunden mit derjenigen nach der Datierung der anekdotisch verklärten Vorfälle.

Im Dezember 1961 hält Schmidt auf einem getippten Blatt, das er einer inzwischen ausrangierten Schreibmaschine beigibt, fest:

> Auf dieser Maschine, der alt=gekauften ORGA=PRIVAT, sind, von BRAND'S HAIDE an, bis 1960 – KAFF ausgenommen; weil dessen Textanordnung eine kleinere Type erforderte – alle meine Bücher, zumindest im Entwurf, meist aber sogar auch in Reinschrift geschrieben worden. (Ab GELEHRTENREPUBLIK die Reinschrift

---

4 Walter Jens, „Dichters Fernsehtod", in *Die Zeit* 25 (15. Juni 1979), S. 41.

5 Vgl. Friedrich Neuhausen, „Das Geheimnis des Tandems oder Die endgültige Rettung Arno Schmidts für die deutsche Literatur", in Martin Lowsky (Hg.), *Zettelkasten 11. Aufsätze und Arbeiten zum Werk Arno Schmidts. Jahrbuch der Gesellschaft der Arno-Schmidt-Leser 1992* (Frankfurt a.M.: Bangert & Metzler 1992), S. 13-38.

> auf der TORPEDO M 20, auf der ich diese Notiz tippe). Außerdem sämtliche Roh=Entwürfe der Übersetzungen, bis in den Anfang des STANLEY ELLIN hinein, wo sie – zu meiner aufrichtigen Bekümmernis – allzusehr zu versagen begann. Sämtliche ‚Nachtprogramme' wurden auf ihr entworfen; bis Nr. 145 etwa auch alle Essays und Zeitungsgeschichten. – Wir haben sie im Jahre 1949 alt in Fallingbostel (bei einem Fahrradhändler, wo wir unser Tandem kauften) gebraucht erstanden, und sie hat UNVERGLEICHLICH gedient! –[6]

Die Datierung des Schreibmaschinenkaufs hat beim einen oder anderen Schmidt-Forscher zur kurzschlüssigen Annahme geführt, auch das Tandem sei 1949 angeschafft worden; tatsächlich handelt es sich aber bei Schmidts Angabe um eine Fehlerinnerung, die Schreibmaschine konnte er sich erst Anfang Juni 1950 kaufen[7], und zudem wird über einen zeitlichen Zusammenhang mit dem Tandemkauf ja nichts ausgesagt. Noch Ende Januar 1950 hat Schmidt kein Fahrrad zur Verfügung, wie aus einem Brief an die kurz zuvor aus ihrem Angestelltenverhältnis bei Rowohlt ausgeschiedene Lektorin Gerda Berger (zuvor: Gerda Cohnitz) hervorgeht:

> Ich beabsichtige, im kommenden Sommer eine große Rundreise durch das Gebiet der Bundesrepublik zu unternehmen, eben zwecks Aufnahme der noch nicht fixierten Fouqué Autographen (Wahrscheinlich zu Fuß u. einen dicken Knotenstock schwingend; es sei denn, ich fände bis dahin Gelegenheit, ein Fahrrad zu stehlen: mein Leben für die Wissenschaft.)[8]

---

6 „Arno Schmidt Stiftung: 1. Ausstellung 1984/86. Ein Querschnitt durch die Bestände des Archivs", in *Bargfelder Bote* Lfg. 100 (18. Januar 1986), S. 71-74, hier S. 74. – Die Schreibmaschine mit dem eingespannten Blatt ist abgebildet in Michael Ruetz, *Arno Schmidt. Bargfeld* (Frankfurt a.M.: Zweitausendeins 1993), S. 126 f.

7 Vgl. Susanne Fischer, „‚Kartoffelweiber gafften von den Äckern'. Der Alltag Arno Schmidts in den Cordinger Jahren", in Dietmar Noering (Hg.), *Zettelkasten 29. Aufsätze und Arbeiten zum Werk Arno Schmidts. Jahrbuch der Gesellschaft der Arno-Schmidt-Leser 2012* (Wiesenbach: Bangert & Metzler 2014), S. 7-27, hier S. 20: „Schmidts hatten wenig Papier und, bis zum 8.6.1950, keine eigene Schreibmaschine."

8 *„Und nun auf, zum Postauto!" Briefe von Arno Schmidt*, hg. v. Susanne Fischer u. Bernd Rauschenbach (Berlin: Suhrkamp 2013), S. 20 (Brief 11 v. 27.1.50).

Bekannt ist, daß Schmidt und seine Frau am 8. März 1950 per Tandem zum ersten Mal nach Ahlden kommen[9], am 21. März 1950 eine Tandemfahrt zum Dorf und Rittergut Stellichte unternehmen, das Schmidt sich als Romanschauplatz vorstellen könnte[10], und am 23. März 1950 mit dem Tandem nach Rethem an der Aller und von dort nochmals nach Ahlden fahren[11]. Den naheliegenden Schluß, das Tandem müsse dann wohl im Februar 1950 angeschafft worden sein, bestätigt Susanne Fischer auf der Basis von Alice Schmidts Tagebüchern[12]; zum Kauf setzt Schmidt die unerwarteten Einkünfte aus einer Radiosendung ein, für die Ende November in Cordingen Aufnahmen gemacht worden waren. Um bei ihren Gläubigern und Gönnern vor Ort nicht den Verdacht zu nähren, sie seien doch nicht so arm, wie sie tun, setzen Schmidts das Gerücht in Umlauf, das Tandem „bei einem Preisausschreiben für Werbeverse gewonnen" zu haben.[13] Dieser Schachzug droht sich später im Jahr bei ihrem Mietsachenprozeß zu rächen. Als im Zuge des Prozesses am 19. Oktober 1950 auf Betreiben des gegnerischen Anwalts das Tandem gepfändet wird und Schmidt die Pfändung mit dem Argument abzuwenden versucht, das Rad sei zu seiner Berufsausübung unerläßlich, hält der Anwalt ihm entgegen, er habe „das Fahrrad nicht zu beruflichen Zwecken angeschafft, sondern in einer Lotterie gewonnen"[14],

---

9 Fischer, „‚Kartoffelweiber gafften von den Äckern'", a.a.O., S. 23.

10 Anm. d. Hg. in Alice Schmidt, *Tagebuch aus dem Jahr 1954*, hg. v. Susanne Fischer (Frankfurt a.M.: Suhrkamp 2004), S. 95.

11 Anm. d. Hg. ebd., S. 107.

12 Anm. d. Hg. ebd., S. 29: „Schmidts besaßen seit Februar 1950 ein Tandem, benutzten es aber in der bergigen Gegend um Kastel nicht." Vgl. zum Erwerb des Tandems auch Wolfgang Brandes, *Auf den Spuren eines Fauns. Mit Arno Schmidt durch Bad Fallingbostel. Literarischer Spaziergang mit Texten und Erläuterungen* (Fallingbostel: Stadtarchiv 2010), S. 11: „Bei dem Fahrradhändler müsste es sich um Finke und Meckert gehandelt haben – und man kann sich gut vorstellen, dass bei dem Verkaufsgespräch auch erwähnt wurde, dass es sich um die ehemalige Landratsvilla handelte!" Diese Spekulation ist leider gegenstandslos, da Schmidt sich auch beim Geschäftsort des Fahrradhändlers fehlerinnert. Tandem und Schreibmaschine werden bei der Firma Busse & Krüger in Walsrode erstanden, wie aus Alice Schmidts Tagebuch hervorgeht. Vgl. Fanny Esterházy (Hg.), *Arno Schmidt. Eine Bildbiographie* (Berlin: Suhrkamp 2016), S. 183.

13 Fischer, „‚Kartoffelweiber gafften von den Äckern'", a.a.O., S. 15.

14 Jan Philipp Reemtsma / Georg Eyring (Hg.), *In Sachen Arno Schmidt ./. Prozesse 1 & 2* (Zürich: Haffmans 1988), S. 67 (Arvid v. Nottbeck an Arno Schmidt, 21.10.50). Vgl. auch ebd., S. 72 (v. Nottbeck an Schmidt, 6.11.50).

was Schmidt mühsam als „falsches Gerücht“[15] zu widerlegen versucht. Er macht geltend, aus beruflichen Gründen sei er gezwungen, „laufend grössere und kleinere Reisen zu unternehmen, die mich bisher allein 4 mal nach Hamburg, sowie in alle nennenswerten Bibliotheksstädte Niedersachsens führten (Reisestrecke seit Februar: 3000 km)“; aus Kostengründen müsse er anstehende weitere Reisen bis nach Süddeutschland „mit dem vorhandenen Tandem unternehmen.“[16] Schmidt erweckt hier den Eindruck, die genannten „3000 km“ und die Reisen „4 mal nach Hamburg“ habe er mit dem Tandem absolviert; explizit sagt er dies allerdings nicht, und das aus guten Gründen. Aus den Angaben über gefahrene Tandemkilometer, die Schmidt ins Tagebuch seiner Frau einträgt[17], geht hervor, daß Schmidts im Verlauf des Jahres 1950 auf dem Tandem von Cordingen aus genau 1482 km zurücklegen[18] (im Folgejahr, nun in der unebenen Gegend um Gau-Bickelheim, werden von der ersten Fahrt am 5. April bis Mitte September genau 833 Tandemkilometer zurückgelegt[19]; es dürfte anschließend noch ein gewisses Fahrpensum hinzugekommen bis zum Umzug nach Kastel am 30. November, mit dem die Tandemzeit des Ehepaars Schmidt für immer endet – in den zwei Jahren, in denen die beiden das Tandem benutzen, fahren sie darauf insgesamt aber weniger als 3000 km). Wichtiger noch für

---

15 Ebd., S. 86 (Schmidt an v. Nottbeck, 11.12.50). In diesem Schreiben gibt Schmidt zudem korrekt an, das Tandem „seit Ende Februar 1950“ zu besitzen.

16 Ebd., S. 66 (Schmidt an das Amtsgericht Walsrode, 23.10.50).

17 Vgl. Susanne Fischer, „‚Übers Jahr um die Zeit sind wir blank!‘ Die Tagebücher der Alice Schmidt“, in Guido Erol Öztanil (Hg.), *Zettelkasten 24. Aufsätze und Arbeiten zum Werk Arno Schmidts. Jahrbuch der Gesellschaft der Arno-Schmidt-Leser 2005* (Wiesenbach: Bangert & Metzler 2005), S. 31-48, hier S. 37: „In den Cordinger und Gau-Bickelheimer Jahren hat er die gefahrenen Tandemkilometer bei den von ihr beschriebenen Ausflügen vermerkt.“

18 Auskunft von Susanne Fischer auf der Basis der Tagebücher von Alice Schmidt. Schmidt vermerkt folgende Gesamtkilometerstände: am 8. April 484 km, am 5. Juni 854 km, am 19. Juni 906 km, am 4. Juli 948 km, am 17. Juli 1152 km, am 28. August 1293 km und am 29. November 1950 (wenige Tage vor der Umsiedlung von Cordingen nach Gau-Bickelheim) 1482 km. – Ich danke Susanne Fischer herzlich für diese und alle weiteren Auskünfte und für die freundliche Genehmigung der Arno Schmidt Stiftung, aus unveröffentlichten Tagebucheinträgen zu zitieren.

19 Vgl. Josef Huerkamp, *Der Landschafter auf der Höhe. Arno Schmidt in Kastel 1951-1955* (Dresden: Neisse 2008), S. 251.

unser spezielles Erkenntnisinteresse ist, daß nur zwei der Reisen Schmidts nach Hamburg per Tandem bewältigt werden, und zwar diejenigen Reisen, deren Zweck nicht ein Besuch im Rowohlt-Verlag ist, sondern die zu Fouqué-Recherchen im Staatsarchiv unternommen werden.

Es handelt sich dabei um die Reisen vom 10. bis zum 13. April und vom 9. bis zum 11. Juli 1950, die in dem von Joachim Kersten kompilierten Band *Arno Schmidt in Hamburg* teilweise dokumentiert sind.[20] Dies sind also die beiden einzigen Gelegenheiten, bei denen Kurt Marek oder sonst ein Mitarbeiter des Rowohlt-Verlags das Ehepaar Schmidt womöglich mit dem Tandem hätte vor- oder wegfahren sehen können; tatsächlich stimmt aber auch das nicht. Zwar suchte Schmidt bei beiden Gelegenheiten unangemeldet auch den Rowohlt-Verlag auf[21] (dazu gleich noch mehr), das Tandem wurde jedoch beide Male bei der ehemaligen Rowohlt-Hilfslektorin (und eigentlichen Entdeckerin Schmidts, deren Votum sich Marek schließlich zu eigen machte) Gerda Berger abgestellt und für die Weiterfahrt in die Hamburger Innenstadt die S-Bahn benutzt[22]. Damit läßt sich definitiv sagen, ein Freßgelage mit Rowohlt-Verlagsangehörigen, an dessen Ende Schmidt und Frau ihr Tandem bestiegen, hat es nie gegeben.

Bleibt die Frage, ob wenigstens der Rest von Mareks Schilderung stimmen kann – hat es ohne Beteiligung des Tandems als Reisegefährt und Kuriosum ein Freßgelage gegeben, bei dem sich Schmidt in der von Marek geschilderten Weise danebenbenahm? Zur Klärung dieser Frage ist es sinnvoll, alle persönlichen Begegnungen Schmidts mit Angehörigen des Rowohlt-Verlags einzeln durchzugehen. Insgesamt hat es in der Zeit bis zu Schmidts Wegzug vom Mühlenhof Cordingen genau sechs Begegnungen gegeben:

Wahrscheinlich Juli 1948

Dies ist Schmidts erster Aufenthalt in Hamburg seit März 1942, als er im Rahmen der Verlegung nach Norwegen durchgereist ist; leider ist es aber auch der Aufenthalt, über den am wenigsten bekannt ist, da Alice Schmidt erst Ende September des Jahres Tagebuch zu führen beginnt und die Briefe

---

20 Vgl. Joachim Kersten (Hg.), *Arno Schmidt in Hamburg* (Hamburg: Hoffmann und Campe 2011), S. 121-123.

21 Vgl. Susanne Fischer, „Arno Schmidt – Ein Ham=bürger“, in *Flandziu. Halbjahresblätter für Literatur der Moderne* N.F. 5.2 (2014): *Hamburg im 20. Jahrhundert*, S. 323-335, hier S. 325.

22 Vgl. Kersten (Hg.), *Arno Schmidt in Hamburg*, a.a.O., S. 121 f.; weitere Informationen aus noch unveröffentlichten Tagebuchpartien, die Susanne Fischer mir zugänglich gemacht hat.

aus dieser Zeit teils unvollständig, nur als Entwurf überliefert oder undatiert sind. Im Rahmen des Besuchs hat Schmidt die zerstörten Stätten seiner Jugend aufgesucht, die Eindrücke schildert er zwanzig Jahre später seiner Mutter[23]; daß Schmidt diese Reise nach Hamburg allein unternimmt, geht aus Alice Schmidts Schilderung eines späteren Besuchs hervor[24]. Die Kosten der Reise werden vom Rowohlt-Verlag getragen; Alice Schmidt vermerkt unter dem 17. September die avisierte Zahlung: „38 DM Rückzahlung verauslagtes Fahrgeld f. Hamburgfahrt (17,50) + Spesen."[25] Allerdings kann die Reise nicht unmittelbar zuvor erfolgt sein; Schmidt hat lange und ungeduldig auf die Spesenbegleichung und vor allem auf den gleichzeitig übersandten *Leviathan*-Verlagsvertrag warten müssen. Den Entschluß, einen solchen Vertrag schließen zu wollen, hat Rowohlt Schmidt bereits am 20. Juli mitgeteilt und ihn gleichzeitig gebeten, zur Feier des Vertragsabschlusses nach Hamburg zu kommen, doch lehnt Schmidt dies mit den Worten ab: „Schicken Sie mir doch den Kontrakt wenn irgend möglich bald per Post zu, und ersparen Sie mir die nächste Hamburger Reise."[26] Diese „nächste Hamburger Reise" bleibt Schmidt dann in der Tat erspart, aber daß es die „nächste" hätte sein sollen, impliziert schon, daß die erste und einzige dieses Jahres bereits stattgefunden hat – und zwar sehr wahrscheinlich in den Tagen unmittelbar vor dem 20. Juli, denn erst am 12. Juli hat sich durch positive Lektoratsgutachten von Gerda Cohnitz und Marek zur Erzählung „Gadir" überhaupt die Möglichkeit einer Buchveröffentlichung Schmidts bei Rowohlt konkretisiert. Noch am 12. Juni hatte Schmidt auf die Bitte, sich im Verlag persönlich vorzustellen, mit einer Schilderung seiner materiellen Not geantwortet: „Mein Besuch bei Ihnen scheitert nicht an meinem guten Willen, sondern einfach daran, daß ich von den 10,- DM Reisegeld hier ebenso viele Tage leben kann."[27]

---

23 Vgl. Kersten (Hg.), *Arno Schmidt in Hamburg*, a.a.O., S. 129 (Arno Schmidt an Clara Schmidt, 13.12.68).

24 Vgl. ebd., S. 121 (Tagebuchauszug von Alice Schmidt, 8.9.49): „als A. vor 1 Jahr da war".

25 Alice Schmidt, Tagesnotizen vom 17.9.48, zitiert nach Fischer, „‚Übers Jahr um die Zeit sind wir blank!'", a.a.O., S. 37.

26 Michael Töteberg, „‚Das ist ein genialischer Mann mit tausend Unarten'. Ein Blick in Verlagsinterna: Gutachten, Aktennotizen und Briefdurchschläge im Rowohlt-Archiv", in Bargfelder Bote Lfg. 354-356 (August 2012), S. 3-41, hier S. 11.

27 Michael Töteberg, „‚P.S: Wieviel haben Sie eigentlich so im Monat?' Ärmliche Verhältnisse: Arno Schmidt und der Verlag in den Nachkriegs-

Ebenso unklar wie das genaue Datum dieser Reise ist, wen Schmidt im Verlag unter welchen Umständen getroffen hat. Alles spricht dafür, daß er sich zumindest Marek vorstellt, der in den Monaten zuvor die Korrespondenz mit ihm geführt hat und auch weiterhin sein Hauptansprechpartner im Verlag ist; ob Schmidt auch die „Hilfslektorin" Cohnitz trifft, muß offenbleiben; dem Verleger Heinrich Rowohlt begegnet er nicht, wie aus den Umständen des nächstjährigen Treffens hervorgeht, und dessen Sohn Heinrich Maria Ledig-Rowohlt ist zu diesem Zeitpunkt noch nicht in Hamburg, sondern leitet den Verlagsstandort Stuttgart, der erst zum Jahr 1950 aufgegeben wird.

7./8. September 1949

An diesen beiden Tagen sind Arno und Alice Schmidt auf Einladung des Rowohlt-Verlags zu einer Unterredung mit Marek in Hamburg, und zwar per Bahn (über Visselhövede und Rotenburg – die Strecke, die Schmidt später in *Aus dem Leben eines Fauns* literarisch umsetzen wird); Alice Schmidt ist bei dem Treffen selbst nicht dabei und nutzt die Gelegenheit zu Fouqué-Studien im Staatsarchiv.[28] Ihr Mann berichtet ihr später, im Verlag habe er keinen „d. Herren" angetroffen und sei statt dessen zu Marek nach Hause geschickt worden. Schmidts Klagen über mangelnde Einkünfte werden von Marek mit Hinweisen auf akute Zahlungsschwierigkeiten des Verlags gekontert, immerhin spendiert der Verlag dem Ehepaar Schmidt aber eine Übernachtung im Hotel, so daß die eintägig geplante Reise um einen Tag verlängert werden kann. Abends wird Schmidt samt Frau von Ernst Rowohlt und Marek zum Essen eingeladen – „Einigten uns auf Brühe mit Ei, Roastbeef, Kart, Bohnen Schnäpschen & helles Bier." Aus Alice Schmidts Schilderung geht hervor, daß der Verleger nicht nur sie, sondern auch ihren Mann zum ersten Mal trifft: „Ro, der A's Leviathan nicht gelesen hat, meinte, er hätte schrecklichen Respekt vor A, denn M. hätte ihm so viel von A. vorgeschwärmt & er hätte sich direkt vor ihm gefürchtet & nur immer gehofft, wenn nur eine Zus.Kunft vorbei wäre, & sich A. ganz anders vorgestellt". Das Tischgespräch verläuft „offen & frei heraus", aber

jahren", in Hermann Gieselbusch / Dirk Moldenhauer / Uwe Naumann / Michael Töteberg, *100 Jahre Rowohlt. Ein illustrierte Chronik* (Reinbek: Rowohlt 2008), S. 157 f., hier S. 157.

28 Vgl. die Tagebuchauszüge Alice Schmidts in Kersten (Hg.), *Arno Schmidt in Hamburg*, a.a.O., S. 119-121.

ohne jeden Eklat; Schmidt schildert seine materielle Notlage, und Rowohlt zeigt sich willens, nach seinen Möglichkeiten zu helfen.[29]

26. November 1949
Marek besucht Schmidt unangekündigt in Cordingen, begleitet vom Leiter des „Nachtprogramms" des Nordwestdeutschen Rundfunks, Jürgen Schüddekopf, der ein Interview mit Schmidt und eine Lesung aufnimmt; auch der spätere NDR-Unterhaltungschef Henri Regnier ist mit von der Partie.[30] Dies ist der einzige Besuch eines Rowohlt-Mitarbeiters bei Schmidt; zu einem seit Ende April 1949 in Aussicht gestellten Arbeitsbesuch Ernst Rowohlts in Cordingen kommt es nie. Bei dieser Gelegenheit kann sich Marek ein eigenes Bild von den ärmlichen Lebensverhältnissen Schmidts machen; Schmidts Tandem bekommt er nicht zu sehen, denn das gibt es noch gar nicht, es wird erst drei Monate später angeschafft – von dem Honorar der hier aufgezeichneten Sendebeiträge. Selbstredend führt Marek das Ehepaar Schmidt auch nicht in Cordingen zum Essen aus; die Besucher bringen statt dessen ein reichhaltiges Frühstück mit.

10. bis 13. April 1950
Arno und Alice Schmidt reisen per Tandem nach Hamburg zu Fouqué-Recherchen im Staatsarchiv und Besuchen in der Kunsthalle; übernachtet wird im Gästezimmer der ehemaligen Rowohlt-Lektorin Gerda Berger im Stadtteil Flottbek (Altona).[31] Bei Rowohlt hat man sich aus Verdruß über die verzögerte Entscheidung über Publikation oder Nichtpublikation der *Wundertüte* nicht angemeldet, dennoch sucht das Ehepaar Schmidt am 12. April auf Anraten Gerda Bergers den Verlag auf, um Barmittel zu erschnorren. Das Tandem bleibt bei Bergers untergestellt, man fährt mit der S-Bahn zum Verlag, das Fahrrad ist nur indirekt mit im Spiel, denn Schmidt bittet den allein anwesenden Marek um Geld für eine (angeblich oder tatsächlich) erforderliche Radreparatur – zunächst um 10 Mark, die Summe wird dann aber sukzessive auf 30 Mark erhöht. Marek erklärt sich für unzuständig und sagt Schmidt, er solle am Nachmittag wiederkommen, dann sei Verleger Rowohlt da; tatsächlich treffen Schmidts aber auch beim zweiten Versuch

---

29 Informationen und Zitate nach Alice Schmidts Tagebucheintrag vom 7. September 1949, mitgeteilt von Susanne Fischer.

30 Vgl. Fischer, „‚Kartoffelweiber gafften von den Äckern'", a.a.O., S. 14 (samt Tagebuchauszug).

31 Vgl. Kersten (Hg.), *Arno Schmidt in Hamburg*, a.a.O., S. 121 f.; außerdem Fischer, „Arno Schmidt – ein Ham=Bürger", a.a.O., S. 324.

nur Hilfspersonal an, erhalten immerhin vom Kassierer unter Berufung auf eine angebliche Zusage Mareks den gesamten Kassenbestand von 80 Mark.[32]

9. bis 11. Juli 1950

Wieder fahren Arno und Alice Schmidt mit dem Tandem zu Fouqué-Archivstudien nach Hamburg, übernachten diesmal aber, um sich die Quartiernahme in der Stadt zu sparen, bei Schneverdingen im Wald; die Fahrtroute entspricht derjenigen, die Schmidt später den Erzähler seines Kurzromans „Schwarze Spiegel" radeln läßt.[33] Bei Gerda Berger wird immerhin das Tandem untergestellt, dann geht es wiederum mit der S-Bahn in die Innenstadt. Am 10. Juli gegen Mittag wird auch bei dieser Gelegenheit der Verlag aufgesucht; hier kommt es zu einer Unterredung mit Marek und Rowohlt, bei der es vornehmlich um die finanziellen Engpässe beider Parteien und um Hermann Hesses Ärger über den ihm von Schmidt geschickten Pöbelbrief geht; Rowohlt stellt Schmidt einen Scheck über 75 Mark aus. Wie schon beim vorherigen Überraschungsbesuch Schmidts bekommt kein Verlagsangehöriger das Schmidtsche Ehetandem zu sehen, und man geht auch nicht gemeinsam essen.[34]

24./25. Oktober 1950

Schmidts reisen zum letzten Mal von Cordingen aus nach Hamburg, diesmal auf Einladung und Kosten des Verlags per Bahn; es ist eine Art Abschiedstreffen, da Schmidts Übersiedlung nach Gau-Bickelheim bevorsteht, außerdem wird ein Vertrag über die Veröffentlichung der *Wundertüte* geschlossen. Die Unterredung im Verlag erfolgt mit dem nun in Hamburg als Verlagsleiter fungierenden Ledig-Rowohlt und dem als Nachfolger von Marek zum neuen Lektor bestellten Wolfgang Weyrauch, dessen negatives Urteil zu *Brand's Haide* Schmidt auf Ledigs Schreibtisch findet, was zur allseitigen Verstimmung führt. Anschließend wird gemeinsam essen gegangen:

> Nun gings, wie voriges Jahr, zu „Wehren" zum Mittagessen mit Ledig & Weyrauch. Bald erschien auch, wie verabredet, Marek im schnittigen braunen Anzug u. solider brauner Kravatte. Ledig hatte

---

32 Informationen nach Alice Schmidts Tagebucheintrag vom 12. April 1950, mitgeteilt von Susanne Fischer.

33 Vgl. Kersten (Hg.), *Arno Schmidt in Hamburg*, a.a.O., S. 122 f.; außerdem Fischer, „Arno Schmidt – ein Ham=Bürger", a.a.O., S. 325.

34 Informationen nach Alice Schmidts Tagebucheintrag vom 10. Juli 1950, mitgeteilt von Susanne Fischer.

> sich ’n Schlips mit ’m großen bunten Pfau umgebunden, zeigte ihn stolz & sagte: extra wegen A’s Besuch, zum Scherz. – U. nun wurde bestellt. Weyrauch meinte, wir sollten beim Wünschen hinten auf die Preise kucken & das teuerste nehmen. Gänsekeule in Sauer für 5,90 war das Teuerste. Ledig: ob A. das möchte. A: ich weiß gar nicht, wie das schmeckt. Nun ließ L. sich nicht halten: 5 x Gänsekeule in Sauer. U. Suppe vorher, u. Schnaps & Apfelsaft dazu. (Weyrauch darf, glaub wegen ’ner Nierensache, keinen Alkohol trinken) & Obstsalat mit Sahne als Nachtisch. Rechnung von etwa 50 Mark wurde von Ledig bezahlt. A sagte Ledig bei Tisch, er sähe das Schmausen mit tiefer Betrübnis, ob wir nicht einfacher essen und ihm lieber 50 Mark [geben] besser wäre. Weyrauch stimmte ihm zu. Ledig: Das ginge natürlich nicht alle Tage so her u. zu, das täte man doch ihm zu ehren u. dem Verlag wär’s bis vor kurzem so schlecht gegangen, daß es mal ein genußvolles Bedürfnis wäre, ins volle zu greifen. Sagte es mit recht netten Worten u. wurde überhaupt immer sympathischer.[35]

Anschließend wird dem alten Rowohlt, der nach einem Treppensturz noch außer Gefecht gesetzt ist, ein kurzer Besuch abgestattet, und die fünfköpfige Gesellschaft (Marek, Ledig, Weyrauch und das Ehepaar Schmidt) fährt zum Kaffeetrinken zu Marek nach Haus. Den Ausklang des Tages bildet schließlich das unter dem Titel „Schlemmen mit Rowohlt“ bekannte opulente Gelage:

> Zu Jakobs, ein ganz vornehmes Restaurant mit Garderobe und befrackten Kellnern, wurde Abendbrot essen gegangen. In die Glasveranda mit Ausblick auf die Elbe. Schön die Lichter am anderen Ufer. Alle Tische frei, dann setzten sich an den einen noch ein paar Herren. U. jetzt erst wurde geschmaust! Vornehmstes Gedeck mit Fischvorgericht u. Fleisch Hauptgericht. In Fett gebackene Kartoffelspähnchen, gefüllte Tomaten usw. usw. Apfelmus. U. hinterher Eis mit Sahne (A. & Ledig: Käseplatte) & zwischendurch: Wein & Cocktail. U. gequalmt wurde von den 3 andern! Und viele Flaschen Wein: Bocksbeutel, ne ziemlich teure Sorte, mehrere Flaschen. – [...] S war fast mitternacht. Der Kellner präsentierte die Rechnung

---

35 Alice Schmidt, „Schlemmen mit Rowohlt. Tagebuchaufzeichnung vom 24.10.1950“, in Vincent Klink / Stephan Opitz (Hg.), *Die Rübe 1* (Zürich: Haffmans 1988), S. 118-123, hier S. 119.

> (sie schienen alle nur noch auf unsern Aufbruch zu warten). Sie mußte enorm hoch sein. *3* ! 50-Markscheine und noch anderes Geld legte Ledig hin. – (Meine Herrn! U. das nennt sich dann Gesetz gegen allzugroßen Spesenverbrauch!). – Marek meinte, ob wir nicht noch mal mit zu ihm kämen.[36]

Arno und Alice Schmidt lassen sich vom Taxi ins Hotel zurückbringen; ihr Tandem haben sie ja nicht dabei. Für den nächsten Tag mittags um eins ist man noch einmal im Verlag verabredet; was genau hier noch besprochen wird, geht aus den vorliegenden Unterlagen nicht hervor, aber auf diesen Tag – den 25. Oktober 1950 – ist ein Schreiben datiert, das der Rowohlt-Verlag per Einschreiben an das Amtsgericht Walsrode schickt, um mitzuhelfen, die für den 18. November angesetzte Zwangsversteigerung des Tandems abzuwenden:

> Herr Schmidt benötigt aber dieses Fahrzeug dringend für seine Fahrten in die umliegenden Universitätsstädte, in denen er die dortigen Bibliotheken und Archive bei der Verfolgung seiner weiteren schriftstellerischen Arbeit besuchen muss. Er benötigt es ferner für seine Fahrten nach Hamburg zwecks notwendiger regelmässiger Fühlungnahme mit unserem Verlage. [...] Wie sehr wir auch verlegerisch an den Arbeiten dieses Autors interessiert sind, ist es auch uns bisher nicht möglich gewesen, aufgrund der schwierigen Lage im Verlagsbuchhandel, unseren Autor in ausreichendem Masse finanziell zu unterstützen. Eine Pfändung des Tandems käme einer totalen beruflichen Lähmung des Herrn Schmidt gleich.[37]

Bei Schmidts letztem Besuch von Cordingen aus ist das Tandem also in der Tat Thema – aber nicht Beförderungsmittel.

*

Der Durchgang durch die sechs Treffen bestätigt noch einmal, daß Kurt Marek Schmidts Tandem bei keiner einzigen Gelegenheit selbst gesehen haben kann; auch Ernst Rowohlt und Heinrich Maria Ledig-Rowohlt haben

---

36 Ebd., S. 121 f.

37 Reemtsma / Eyring (Hg.), *In Sachen Arno Schmidt ./.*, a.a.O., S. 68 (Rowohltverlag an das Amtsgericht Walsrode, 25.10.50). Die Intervention war trotz ihres durchaus mangelhaften Wahrheitsgehalts erfolgreich, denn schon am 26. Oktober hob das Amtsgericht die Pfändung des Tandems vorläufig auf.

es nie zu sehen bekommen. Daß es dieses Tandem gab, war im Verlag allerdings wohlbekannt, und da mag es zur sei es gezielten, sei es ungenauer Erinnerung entsprungenen Anreicherung einer anekdotischen Darstellung hochwillkommen gewesen sein.

Aber was ist nun mit dem Rest der anekdotenhaften Schilderung Mareks? Darin wird ausdrücklich das „Restaurant ‚Jacob' in Blankenese" erwähnt, in das Schmidt aber nur ein einziges Mal geladen war, nämlich im Oktober 1950, als er hier zusammen mit Ledig-Rowohlt, Marek und Weyrauch einkehrte. Die Schilderung, die Alice Schmidt als zweifellos verläßlichste Augenzeugin von diesem Abend gibt, verträgt sich aber kaum mit der Anekdote in Mareks eigener oder auch in Walter Kiaulehns Version, worauf bei der Veröffentlichung des betreffenden Tagebuchauszugs von Alice Schmidt bereits aufmerksam gemacht wurde.[38] Michael Töteberg meint, die „Widersprüche zwischen der Darstellung Alice Schmidts und den Erinnerungen Mareks" ließen „sich leicht aufklären: Marek schildert offenkundig einen früheren Besuch Schmidts, darauf weist bereits das immer gern zitierte Tandem (im Oktober 1950 reiste das Ehepaar Schmidt mit der Bahn, die Fahrtkosten hatte der Verlag spendiert)"[39]; dieses Argument zieht aber nicht, da sich das Tandem ja nun eh schon als anekdotische Beigabe aus dem Reich der Phantasie erwiesen hat. Und es hat eben keinen „früheren Besuch Schmidts" gegeben, bei dem dieser sei es vom alten Rowohlt, sei es von dessen Sohn „in ein besonders gutes Restaurant" eingeladen worden wäre, dies womöglich auch, weil der Verlag selbst bis in die zweite Hälfte des Jahres 1950 hinein äußerst klamm war. Am ehesten wäre noch das Abendessen Arno und Alice Schmidts am 8. September 1949 mit Kurt Marek und Ernst Rowohlt in die Nähe der Legende vom „Athleten mit Denkerstirn" zu bringen, der dem Verleger gegenüber die Schlechtigkeit einer Welt beklagt, in der er selbst zu knapsen habe, während andere sich opulenten Genüssen hingeben – aber auch hier sind die Ähnlichkeiten äußerst mager, und in Alice Schmidts Schilderung findet sich wenig, was sich zu einer griffigen Anekdote hätte aufbauschen lassen. Töteberg verlegt den Vorfall übrigens in den Sommer 1948[40], was insofern nicht bar jeder

---

[38] Vgl. die redaktionelle Nachbemerkung in Klink / Opitz (Hg.), *Die Rübe 1*, a.a.O., S. 207.

[39] Töteberg, „‚Das ist ein genialischer Mann mit tausend Unarten'", a.a.O., S. 41, Anm. 27.

[40] Vgl. ebd., S. 11 (im Kontext des Juli 1948): „Rowohlt lud den Autor nach Hamburg ein, wo Alice und Arno Schmidt mit dem Tandem vorfuhren (die Anekdote ist bekannt und braucht hier nicht wiederholt werden)."

Logik ist, als Marek seine Anekdote ja von seinem ersten Zusammentreffen mit Schmidt her aufzieht, und dieses erste Zusammentreffen hat wie gezeigt zu jener Zeit stattgefunden – aber der Versuch, gleich im Anschluß ein weiteres Treffen zu arrangieren, bei dem auch Ernst Rowohlt zugegen hätte sein sollen, scheiterte halt an Schmidts Reiseunwilligkeit.

Am Ende mag man ansatzweise erahnen, welche teils realen, teils wild ausgeschmückten und teils wohl auch frei erfundenen Begebenheiten Marek und Kiaulehn unter Zugabe von Informationen und Gerüchten aus zweiter Hand zu jener anekdotischen Darstellung verrührt haben, mit der sie eine der hartnäckigsten Schmidt-Legenden in die Welt gesetzt haben. Eine der Bedingungen dafür, daß das funktionierte, mag auch das nachlassende Erinnerungsvermögen Mareks gewesen sein. Einer der frühesten Feldforscher in Sachen Arno Schmidt, Horst Leisering, versuchte schon Ende 1971, über den Rowohlt-Verlag Kontakt zu Marek aufzunehmen, und bat um „eine weitergehende Beschreibung über Arno Schmidts Treffen mit Ernst Rowohlt“. Die Antwort, die er bekam, lautet: „Wie eine Anfrage bei Herrn Mar[e]k ergab, kann er sich nicht mehr an Details des Besuchs von Arno Schmidt erinnern; wie er meinte, liegt das Ereignis zu lange zurück.“[41] Wenige Monate später starb Marek im Alter von nur 57 Jahren.

---

41 Horst Leisering, *„... wie mich Arno Schmidt einmal grüßte“. Aus den Papieren eines Enthusiasten* (Bielefeld: Aisthesis 1994), S. 32. – Ebd. geht Leisering noch von „der Tandemfahrt der Eheleute Schmidt im Herbst 1946 vom Mühlenhof zum Treffen mit dem Verleger Ernst Rowohlt im Restaurant ‚Jacob‘ in Blankenese“ aus, eine Fehldatierung, die angesichts des damals noch völlig unzureichenden Kenntnisstands über Schmidts Biographie höchst verständlich ist, aber auch anzeigt, von welch verheerender Wirkung Mareks Schilderung war.

Nachweise

„Kommt Zeit, kommt Rad“: Erstdruck in der *Zeit* vom 29. Juni 2000 u.d.T. „Das Glück auf Erden kommt aus den Pedalen“.

„Unter Noldes Himmel“: Erstdruck in der *Frankfurter Rundschau* vom 6. Januar 2001.

„‚Irish Tour‘“: Erstdruck in Friedhelm Rathjen, *Irische Reise* (Göttingen: Lamuv 1999); hier wiederabgedruckt in leicht modifizierter Fassung

„Irish Tour de France“: Erstdruck in Friedhelm Rathjen, *Irische Reise* (Göttingen: Lamuv 1999); hier wiederabgedruckt in leicht modifizierter Fassung. Ableger eines längeren Tandemartikels als Gemeinschaftswerk mit Hermann Rasche: Rasche & Rathjen zu Rade, „Tour de France à la Irlandaise“, in *irland journal*, IX, 2/98. Eine Ultrakurzfassung erschien in der *Zeit* vom 9. Juli 1998 u.d.T. „Dem Feld voraus: Am 11. Juli beginnt die Tour de France – in Irland“.

„Postskript zur Tour de France“: Erstdruck im *irland journal*, IX, 3/98.

„Die Grenzerfahrung“: Erstdruck im *irland journal*, X, 6/99. Eine sehr stark erweiterte Fassung erschien als Buch u.d.T. *Singende Fahrradreifen in Ulster. Eine irische Grenzerfahrung* (Scheeßel: Edition ReJoyce 2004). Eine Ultrakurzfassung erschien der *Süddeutschen Zeitung* vom 12. September 2000 u.d.T. „Grenzerfahrungen – Abgestrampelt in Irland: 500 Kilometer Spurenwechsel in einem geteilten Land“.

„Was tickt denn da?“: Erstdruck im *irland almanach # 3: Irische und barbarische Spiele* (Münster: Unrast 2001).

„Dädalus auf dem Fahrrad“: In dieser Form Erstdruck. Der Beitrag basiert auf dem Vortrag „Ein Porträt des Künstlers als Radtourist“, gehalten am Bloomsday 2003 bei „VELO-Radsport“ in Nürnberg und nachzulesen in Friedhelm Rathjen, *Der Ernst des Lesens. Beinharte Forschung zu Arno Schmidt & Consorten* (Scheeßel: Edition ReJoyce 2006) sowie wieder in Friedhelm Rathjen, *Doublin' Dublin. Vorträge und anderes zu James Joyce und Samuel Beckett* (Südwesthörn: Edition ReJoyce 2012). Eine Variante in englischer Sprache erschien u.d.T. „James Joyce as a Cyclist“ im *Joyce Studies Annual 2003* (Austin: University of Texas Press 2004) und wieder in Friedhelm Rathjen, *Irish Company. Joyce & Beckett and more* (Scheeßel: Edition ReJoyce 2010).

„Becketts Fahrräder“: Erstdruck als separates Büchlein mit zahlreichen Illustrationen u.d.T. *Samuel Beckett & seine Fahrräder. Ein treffliches leichtes Gerät mit Holzfelgen und roten Reifen* (Darmstadt: Häusser 1996); die im vorliegenden Band abgedruckte um eine kleine Passage und die Fußnoten ergänzte Fassung erschien zuerst in Friedhelm Rathjen, *weder noch. Aufsätze zu Samuel Beckett* (Scheeßel: Edition ReJoyce 2005).

„‚Fahrräder: die schönsten Maschinen!'": Erstdruck in Frank Legl (Hg.), *Zettelkasten 17. Jahrbuch der Gesellschaft der Arno-Schmidt-Leser 1998* (Wiesenbach: Bangert & Metzler 1998); auch in Friedhelm Rathjen, *Der Ernst des Lesens. Beinharte Forschung zu Arno Schmidt & Consorten* (Scheeßel: Edition ReJoyce 2006).

„Mit dem Tandem nach Hamburg": Erstdruck in Martin Lowsky (Hg.), *Zettelkasten 31. Jahrbuch der Gesellschaft der Arno-Schmidt-Leser 2015* (Wiesenbach: Bangert & Metzler 2016); hier wiederabgdruckt nach der im Detail aktualisierten Fassung in Friedhelm Rathjen, *Texttrips. Unterwegs mit Arno Schmidt* (Südwesthörn: Edition ReJoyce 2017).

Der Schatten des Körpers des Radfahrers (Abfahrt vom Wicklow Gap, April 1998).

Bereits erschienen und noch lieferbar in der

EDITION ReJOYCE

Friedhelm Rathjen: *Singende Fahrradreifen in Ulster. Eine irische Grenzerfahrung.*
ISBN 3-00-013551-0, 168 Seiten, € 17,-.

Friedhelm Rathjen ist mit dem Fahrrad die Grenze zwischen beiden Teilen Irlands abgefahren. Zwischen Dundalk und Derry hat er fünfhundert Kilometer zurückgelegt, dabei 35mal die Grenzlinie überfahren – oft ohne erkennen zu können, wo die Republik Irland aufhört und wo Nordirland anfängt. Eigentlich gibt es sie gar nicht mehr, die Grenze. Der Grenzradler hat keine Uniform zu sehen bekommen, dafür aber ideales Radfahrterrain, einsame Bergwelten, mal mehr und mal weniger hübsche Ortschaften und viele freundliche Menschen. In diesem Buch schildert der Autor nicht nur, was er erlebte, sondern erzählt zwischendurch auch noch von der Rolle, die das Fahrrad in der irischen Literatur, Musik, Mythologie und Alltagswelt spielt.

„Spuren suchen entlang der Grenze zwischen der Republik Irland und Nordirland: Friedhelm Rathjen, Literaturwissenschaftler und Übersetzer, ist auch begeisterter Radfahrer. Auf einer über 500 Kilometer langen Fahrradreise nimmt er mit genauem Blick und Neugierde Land und Leute entlang der ehemalig scharf bewachten, inneren Grenze der Grünen Insel in Augenschein. [...] Nicht nur für Irland-Fans ist das Buch eine interessante Bereicherung." – *Trekkingbike*

Details im Internet: http://tinyurl.com/22fybo – Bestellungen und Anfragen an: rejoyce@gmx.de